NATIONAL
GEOGRAPHIC

styleguide
Paris

eat
shop
love it

Elodie
Rambaud

Inhalt

AKTUELLE TRENDS

Dieses Kapitel präsentiert eine Auswahl von Pariser Concept Stores, innovativen Labels und stilbildenden Designern, die Trends gesetzt haben und auf viele andere inspirierend wirken.

TEXTILIEN

In Paris gibt es viele Anbieter von Möbelstoffen, die vielbeachtete Kollektionen herausbringen. Kleinere, unabhängige Läden bieten ein individuelleres Sortiment von einzigartigen und wertvollen Stoffen.

DÜFTE & BLUMEN

Inmitten der quirligen Großstadt verbergen sich Oasen, die uns aufatmen lassen und unsere Sinne beleben. Jede der hier aufgeführten Adressen ist auf ihre Art mit der Natur verbunden.

KÜNSTLERBEDARF

Künstlerisches Talent, Sinn für Farbe, Gespür für eine Technik und Liebe zur Sache: Menschen, die all das besitzen, trifft man in den Läden, die hier versammelt sind. Lassen Sie sich von ihnen inspirieren!

Man braucht nichts als eine Portion Neugier, um die Stadt zu erkunden, egal, ob man in Paris lebt oder gerade zu einem Besuch eingetroffen ist. Dieselbe Neugier, die mich bewogen hat, dieses Buch zu schreiben, treibt Sie gerade an, darin zu schmökern. Wer sie sich bewahrt, kann Unglaubliches entdecken:

Stoffe aus Pflanzenfasern, Filme für Polaroidkameras, Stickereien aus dem Hause Chanel, eine Glasglocke fürs Kuriositätenkabinett, ein steinernes Spülbecken, Elektrokabel mit geflochtener Textilummantelung und schwarze Rosen. Sie können die Quais entlangradeln und sich in einer Druckerei Ihre Visitenkarten drucken lassen wie im Jahr 1912. Auf jeden Fall werden Sie viele ungewöhnliche Orte entdecken.

Ich lebe in Paris und arbeite als Fotostylistin für Magazine, Verlage und Werbeagenturen. Es macht mir Spaß, mit Objekten, Farben und Texturen visuelle Geschichten zu erzählen. Meine Steckenpferde sind Lifestyle, Kochen und Dekoration – alles, was mit Liebe gemacht, einzigartig und elegant ist. Einen Großteil meiner Zeit verbringe ich damit, in der Stadt und im Internet nach interessanten Objekten, perfekten Accessoires und idealen Farben zu suchen, die das Besondere eines Fotos ausmachen. Ich beobachte jeden neuen Trend und interessiere mich für all jene Leute, die in Paris oder woanders stilprägend sind oder waren. Für meine Arbeit sind visuelle, grafische und ästhetische Anregungen von großer Bedeutung.

Dieses Buch stellt Läden in Paris vor, die eng mit meinem Beruf verknüpft sind, sortiert nach zehn Themen. Einige werden Sie erwarten, andere werden Sie hoffentlich überraschen. Ein Kartenteil am Ende des Buchs hilft, die Adressen zu finden.

Der Rahmen ist klar: Paris. Lassen Sie die Stadt auf sich wirken, schlendern Sie durch die Straßen, Parks und Boutiquen, flanieren Sie über die Pont des Arts, erliegen Sie den Verlockungen der Konditoreien und Akkordeonklängen an einem Sommerabend.

Die beste Reisezeit

Die schönsten Jahreszeiten in Paris sind Frühjahr und Herbst: Von April bis Juli und von September bis November ist das Wetter meistens gut. Ziemlich zuverlässig sind die Wetterprognosen von Météo Paris: www.meteo-paris.com.

MIT DEN ERSTEN SONNIGEN FRÜHLINGSTAGEN erwachen die Terrassen- und Straßencafés zum Leben, Schaufenster erstrahlen in frischen Farben, und fast an jedem Wochenende finden in allen Teilen der Stadt Trödelmärkte statt. Ganz Paris ist guter Laune. Aber auch der Herbst hat etwas Berauschendes. Nach zwei Monaten Sommerpause kehren die Pariser sonnengebräunt in ihre Stadt zurück, Film- und Literaturszene leben wieder auf, Museen eröffnen neue Ausstellungen, die Abende sind noch lang und mild. Die Boutiquen, die im August geschlossen waren, öffnen wieder mit neuen Farben und Stoffen, die den Ton für den Winter angeben. Im September und Januar locken zwei Messen für Design, Inneneinrichtung und Dekoration die Trendsetter der ganzen Welt an: die *Maison & Objet* und die *Déco off*.

Der Winterschlussverkauf beginnt in der Regel am 10. Januar, der Sommerschlussverkauf am 26. Juni. Beide dauern einen Monat.

PATISSERIE

Messen

Hier einige Messen in Paris, die man nicht verpassen sollte:

Die traditionelle Messe **MAISON & OBJET** findet jeweils im September und Januar statt. An vier Tagen präsentieren Aussteller aus allen Ländern der Welt die neuen Trends für Inneneinrichtung und Dekoration. Parallel dazu beteiligen sich zahlreiche Boutiquen der Stadt an der **DÉCO OFF**.
WWW.MAISON-OBJET.COM/WWW.PARIS-DECO-OFF.COM

DIE FIAC (Foire Internationale des artistes contemporains, „Internationale Messe zeitgenössischer Kunst") präsentiert alljährlich im Oktober zeitgenössische Kunst im Grand Palais.
WWW.FIAC.COM

LE SALON DU VINTAGE bietet in Marais auf 1000 Quadratmetern Vintage-Design von Möbeln bis Mode (Yves Saint Laurent, Christian Dior etc.).
WWW.SALONDUVINTAGE.COM

PARIS PHOTO, die internationale Messe für zeitgenössische und historische Kunstfotografie, findet alljährlich Mitte November im Grand Palais statt.
WWW.PARISPHOTO.COM

LES JOURNÉES DE LA CÉRAMIQUE, die Keramiktage auf der Place Saint-Sulpice, sind der Töpferkunst gewidmet. Hier kann man wunderbare Entdeckungen machen und auch gleich kaufen. Bargeld einstecken!
WWW.LESJOURNEESDELACERAMIQUEPARIS.COM

LE SALON ANTIQUITÉ BROCANTE DE LA BASTILLE ist ein Antiquitätenmarkt mitten in Paris, an dem niemand vorbeikommt. 70 Antiquitätenhändler und über 300 Trödler stellen hier aus. Er mag zwar etwas teurer sein als andere, liegt aber sehr schön oberhalb vom Bootshafen Port de l'Arsenal.

LE SALON DU LIVRE ET DU PAPIER ANCIEN ist eine Messe für antiquarische Bücher und Druckerzeugnisse an der Porte de Champerret. Über 120 Aussteller bieten alte Bücher, Plakate, Postkarten, Fotos, Spielkarten und Briefe an.
WWW.JOEL-GARCIA-ORGANISATION.FR

LE SALON EMMAÜS findet alljährlich im Juni statt: ein Recycling- und Schnäppchenmarkt, der uns zu nachhaltigem Konsum anhält.
WWW.EMMAUS-FRANCE.ORG

Was Mode angeht, ist natürlich die **FASHION WEEK** zu nennen. Einen festen Platz im Veranstaltungskalender von Paris nehmen die Haute-Couture- und Prêt-à-porter-Modenschauen ein. Parallel dazu bietet die Modemesse **SALON TRANOÏ** an legendären Pariser Orten eine Plattform für Kunst und Installationen rund um die Mode. Zweimal im Jahr präsentiert die beliebte Messe **WHO'S NEXT** die aktuellsten Trends bei Farben, Stoffen und Formen mit Fokus auf die jungen Modedesigner. WWW.MODEAPARIS.COM/WWW.TRANOI.COM/WWW.WHOSNEXT.COM

Um sich vom anstrengenden Messetrubel zu erholen und wieder zu Atem zu kommen, sind zwei Adressen besonders zu empfehlen: Espace Yon-ka für eine Massage und das Hammam Pacha für ein Dampfbad und ein Peeling:

ESPACE YON KA | 39 RUE DE SÈVRES | 75006 PARIS | TEL. +33 01 45 44 39 79 | WWW.LESPACEYONKA.FR
HAMMAM PACHA | 17 RUE MAYET | 75006 PARIS | TEL. +33 01 43 06 55 55 | WWW.HAMMAMPACHA.COM

Festivals

Über das Jahr verteilt gibt es in Paris einige Kunst-, Musik- und Theaterfestivals. Manche verschaffen Besuchern zu ungewöhnlichen Tageszeiten Zugang zu bekannten Pariser Stätten.

Am späten Abend zwischen Gemälden von Renoir und Monet umherwandeln kann man im Mai bei der langen Nacht der Museen, der **NUIT DES MUSÉES.** Die meisten Museen sind bis Mitternacht geöffnet und veranstalten Konzerte. Infos gibt es unter www.parisinfo.com.

Beim Festival **PARIS QUARTIER D'ÉTÉ** erlebte ich einmal bei Morgengrauen eine Tanzvorführung im Ehrenhof des Hôtel des Invalides. Es war magisch! Von Mitte Juli bis Mitte August finden im Rahmen dieses Festivals Theateraufführungen, Konzerte und viele andere Spektakel unter freiem Himmel statt (www.quartierdete.com).

Wer am ersten Oktoberwochenende in Paris ist, sollte sich unbedingt das Programm der **NUIT BLANCHE** („weiße Nacht") ansehen. Die ganze Nacht lang erobern Künstler bekannte Pariser Stätten, um Kunst für alle zugänglich zu machen und den urbanen Raum aufzuwerten. Die Künstlerin Sophie Calle nahm 2002 an diesem Festival teil: Sie lag in einem Bett im obersten Stock des Eiffelturms und ließ sich Geschichten erzählen.

Für alle, die sich über Veranstaltungen, Kulturevents und aktuelle Veranstaltungsorte informieren möchten, bietet die Stadt Paris eine erstaunlich gut gemachte Internetseite an: **QUE FAIRE À PARIS** (www.quefaire.paris.fr).

Kommunikation

Die Möglichkeiten eines kabellosen Internetzugangs sind in Paris seltsamerweise noch nicht sonderlich gut ausgebaut, wobei die meisten Parks und neuen Cafés inzwischen kostenloses WLAN anbieten. Bahnhöfe und Flughäfen hinken allerdings noch hinterher. Für Telefongespräche innerhalb Frankreichs ist ein Bic® Phone sehr praktisch. Dieses Wegwerfhandy gibt es für 29 € in Tabak- und Zeitschriftenläden und in Supermärkten. Es bietet 30 Gesprächsminuten innerhalb eines Monats, 100 SMS und eine geladene Batterie. Wer mit einem ausländischen Handy in Frankreich telefoniert, sollte die Ländervorwahl 0033 nicht vergessen.

Fortbewegung

In Paris ist man viel unterwegs, das Tempo ist sehr hoch, und da die Pariser nicht sonderlich rücksichtsvoll sind, ist das nicht unbedingt erholsam. Ich gehe meist zu Fuß, fahre Metro oder Fahrrad. Gelegentlich nehme ich auch den Bus, was zuweilen schneller geht, da das Liniennetz sehr gut ausgebaut ist.

Versuchen Sie mal, in Paris Fahrrad zu fahren. **VÉLIB'** bietet Leihfahrräder an zahlreichen Stationen in Paris an, die sieben Tage in der Woche rund um die Uhr zur Verfügung stehen. Ein Tagesticket kostet 1,70 €, eine Wochenkarte 8 €. Die ersten 30 Minuten sind gratis; danach kostet jede weitere halbe Stunde 1 €.
Wenn Sie für längere Zeit in der Stadt sind, ist es praktisch, sich auf der Webseite von Vélib' anzumelden. Vor allem im Sommer sind Fahrräder praktisch und angenehm, um die Stadt zu erkunden. Die Handy-App von Vélib' zeigt jeweils die nächstgelegene Fahrradstation und die verfügbaren Räder an.
EN.VELIB.PARIS.FR

Das Carsharing-Angebot von **AUTO LIB'** wird von Parisern ebenfalls viel genutzt. Wenn man einmal seinen Führerschein vorgelegt hat, kann man die Autos mit und ohne Abonnement nutzen. Bis zu 20 Minuten im Voraus kann man sich ein Fahrzeug am jeweiligen Parkplatz reservieren. Ohne Abonnement ist die Tageskarte gratis; die Nutzung kostet dann 9 € pro halbe Stunde. Für eine Wochenkarte zahlt man 10 € und 7 € pro halbe Stunde Nutzung.

TAXIS gibt es in Paris erstaunlich wenige. Wundern Sie sich also nicht, wenn Sie manchmal lange warten müssen. Wenn Sie morgens zwischen 7 und 9 Uhr ein Taxi brauchen, bestellen Sie es besser am Vortag.
WWW.TAXISG7.FR ODER WWW.TAXIS-BLEUS.COM

Es gibt einige neue Taxiunternehmen wie **LE CAB.** Sie nehmen einen Festpreis, der von Start- und Zielort abhängt. Man bestellt das Taxi über eine App; der Fahrpreis wird dann direkt vom Konto abgebucht. Vorher reservieren!
WWW.LECAB.FR

Wer häufiger **BUS ODER METRO** fahren will, sollte wissen, dass die Tarifzonen 1 und 2 ganz Paris abdecken. Mit einem Tagesticket *mobilis* kann man für 6,50 € einen Tag lang unbegrenzt Bus und Metro fahren. Eine Wochenkarte *Navigo* kostet 17,50 €. Fahrkarten und ein Plan des Liniennetzes gibt's an den Metrostationen.
WWW.RATP.FR

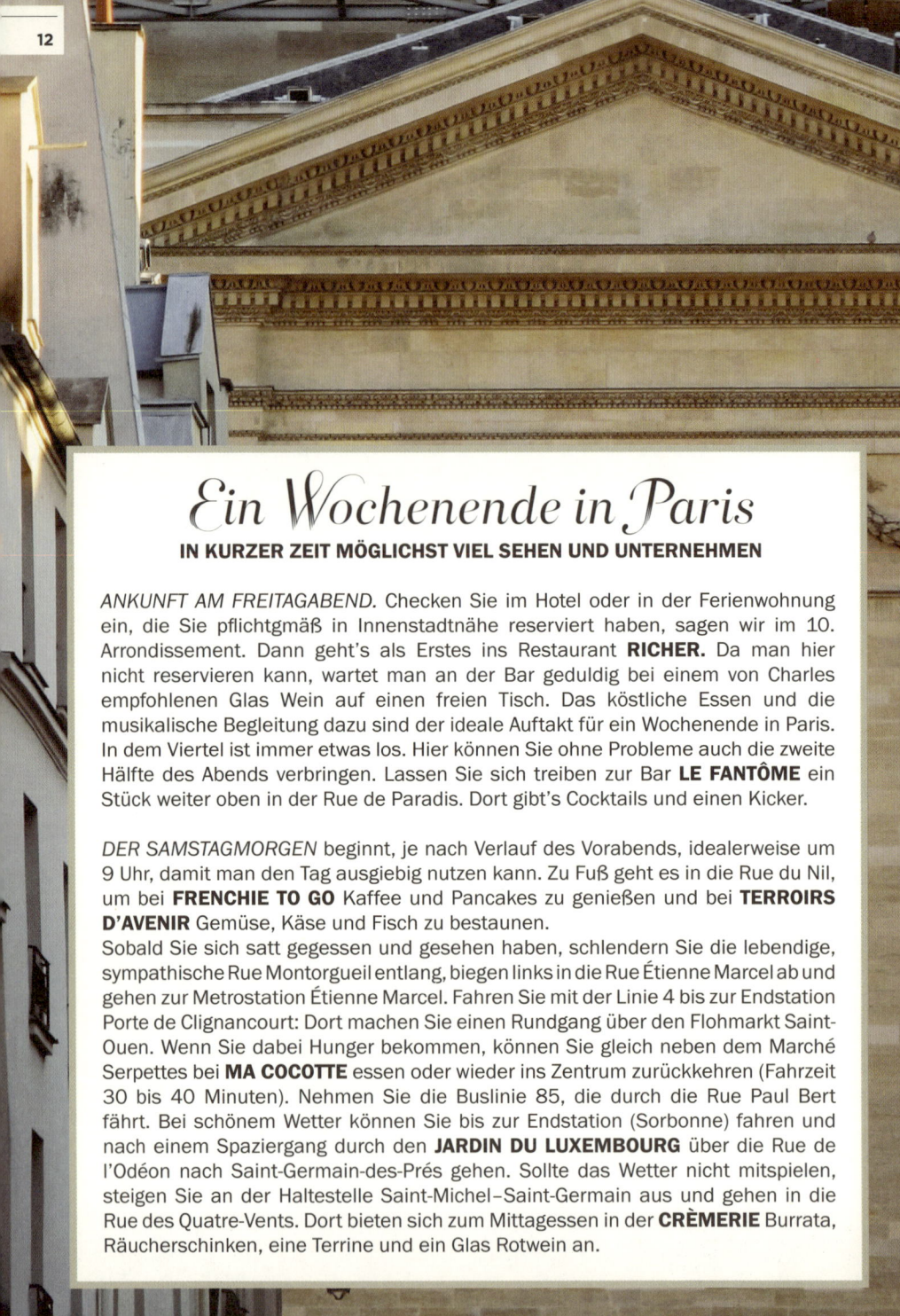

Ein Wochenende in Paris

IN KURZER ZEIT MÖGLICHST VIEL SEHEN UND UNTERNEHMEN

ANKUNFT AM FREITAGABEND. Checken Sie im Hotel oder in der Ferienwohnung ein, die Sie pflichtgmäß in Innenstadtnähe reserviert haben, sagen wir im 10. Arrondissement. Dann geht's als Erstes ins Restaurant **RICHER.** Da man hier nicht reservieren kann, wartet man an der Bar geduldig bei einem von Charles empfohlenen Glas Wein auf einen freien Tisch. Das köstliche Essen und die musikalische Begleitung dazu sind der ideale Auftakt für ein Wochenende in Paris. In dem Viertel ist immer etwas los. Hier können Sie ohne Probleme auch die zweite Hälfte des Abends verbringen. Lassen Sie sich treiben zur Bar **LE FANTÔME** ein Stück weiter oben in der Rue de Paradis. Dort gibt's Cocktails und einen Kicker.

DER SAMSTAGMORGEN beginnt, je nach Verlauf des Vorabends, idealerweise um 9 Uhr, damit man den Tag ausgiebig nutzen kann. Zu Fuß geht es in die Rue du Nil, um bei **FRENCHIE TO GO** Kaffee und Pancakes zu genießen und bei **TERROIRS D'AVENIR** Gemüse, Käse und Fisch zu bestaunen.
Sobald Sie sich satt gegessen und gesehen haben, schlendern Sie die lebendige, sympathische Rue Montorgueil entlang, biegen links in die Rue Étienne Marcel ab und gehen zur Metrostation Étienne Marcel. Fahren Sie mit der Linie 4 bis zur Endstation Porte de Clignancourt: Dort machen Sie einen Rundgang über den Flohmarkt Saint-Ouen. Wenn Sie dabei Hunger bekommen, können Sie gleich neben dem Marché Serpettes bei **MA COCOTTE** essen oder wieder ins Zentrum zurückkehren (Fahrzeit 30 bis 40 Minuten). Nehmen Sie die Buslinie 85, die durch die Rue Paul Bert fährt. Bei schönem Wetter können Sie bis zur Endstation (Sorbonne) fahren und nach einem Spaziergang durch den **JARDIN DU LUXEMBOURG** über die Rue de l'Odéon nach Saint-Germain-des-Prés gehen. Sollte das Wetter nicht mitspielen, steigen Sie an der Haltestelle Saint-Michel–Saint-Germain aus und gehen in die Rue des Quatre-Vents. Dort bieten sich zum Mittagessen in der **CRÈMERIE** Burrata, Räucherschinken, eine Terrine und ein Glas Rotwein an.

Flanieren Sie in Saint-Germain über die Quais und die Île de la Cité, und verfehlen Sie die **SAINTE-CHAPELLE** nicht: Sie liegt etwas versteckt neben der Conciergerie. Jeden Samstag findet dort ein klassisches Konzert statt, für das man die Karten vorbestellen sollte (www.classictic.com). Anschließend kehren Sie ins Hotel zurück, um sich frisch zu machen und schick anzuziehen – schließlich sind Sie in Paris. Für das Abendessen sollten Sie einen Tisch reservieren. Wenn Sie sich für **LA RÉGALADE SAINT-HONORÉ** entscheiden, kommen Sie am Louvre vorbei und können sich die Pyramide ohne die vielen anderen Besucher anschauen, die hier tagsüber unterwegs sind. Schön liegt auch das Bistro **MON VIEIL AMI** auf der Île Saint-Louis.

Die Pariser gehen überwiegend freitagabends aus. Der Samstagabend ist häufig einem Essen mit Freunden zu Hause vorbehalten.

AM SONNTAGMORGEN können Sie sich Zeit lassen. Kaufen Sie sich in der nächsten Bäckerei Croissants oder schwingen Sie sich aufs Rad: Es geht Richtung Canal Saint-Martin in der Nähe der Metrostation Jacques Bonsergent. In der Rue de Saintonge finden sich gleich drei gute Adressen für einen Brunch: **TUCK SHOP, BOB'S JUICE BAR** und **HOLYBELLY**. Weiter nördlich in der Rue de la Granges-aux-Belles gibt es exzellenten Kaffee im schön gelegenen **CAFÉ TEN BELLES**. Die Boutiquen in der Umgebung des Kanals öffnen gegen 14 Uhr: **ARTAZART** am Quai de Valmy und das **CENTRE COMMERCIAL** in der Rue de Marseille.

Alternativ bietet sich das Marais nördlich der Metrostation Saint-Paul als Ziel an. Die meisten Geschäfte sind sonntags geöffnet. Allerdings ist es dort ziemlich voll, weil das Viertel ein Treffpunkt hipper Pariser ist. Bei Regen gibt es kaum etwas Schöneres, als sich einen alten Film in einem der vielen Kinos im 5. und 6. Arrondissement anzuschauen. Und im **CENTQUATRE, PALAIS DE TOKYO** oder **GRAND PALAIS** gibt es sicher eine Ausstellung, die sich lohnt.

Hotels

Seit einiger Zeit machen in Paris immer wieder neue Hotels auf, die einen ausgeprägten Sinn für Design und Ästhetik an den Tag legen. Häufig engagieren sie junge, talentierte Innenarchitekten, die einen modernen, eleganten und fantasievollen Stil verfolgen. Ich habe drei Hotels im 9. und 10. Arrondissement ausgewählt, also in aufstrebenden Stadtvierteln, in denen viele sehr vielversprechende Läden entstehen, dazu eines im Marais.

HÔTEL DU TEMPS

Die Modedesignerin Alix Thomsen verpasste dem Hotel einen neuen Look und machte es zu einem kleinen Juwel. Doppelzimmer ab 160 €.

11 RUE DE MONTHOLON | 75009 PARIS | TEL. +33 01 47 70 37 16 | WWW.HOTEL-DU-TEMPS.FR
METROSTATION: POISSONNIÈRE

HÔTEL PARADIS

In einer Vitrine findet man den Ausspruch Jules Renards: «*Ajoutez deux lettres à Paris, c'est le Paradis*» («Ergänzt man Paris um zwei Buchstaben, dann ist es das Paradies»). Die Ausstattung des Hotels stammt von Dorothée Meilichzon, die auch das Café *Pinson*, die *Compagnie des Vins Surnaturels* und den *Beef Club* gestaltet hat. 30 verschiedene Tapeten sorgen dafür, dass kein Zimmer dem anderen gleicht. Doppelzimmer ab 90 €.

41 RUE DES PETITES ÉCURIES | 75010 PARIS | TEL. +33 01 45 23 08 22 | WWW.HOTELPARADISPARIS.COM
METROSTATION: BONNE-NOUVELLE

HÔTEL DE NELL

Das Hotel im 9. Arrondissement verdankt seine fünf Sterne dem Designer Jean-Michel Willmote und Bruno Doucet, dem Chefkoch des Restaurants *La Régalade* Conservatoire, das sich gleich neben dem Hotel befindet.

7–9 RUE DU CONSERVATOIRE | 75009 PARIS | TEL. +33 01 44 83 83 60 | WWW.HOTELDENELL.COM
METROSTATION: BONNE-NOUVELLE

HÔTEL JULES ET JIM

Ein hübsches, modernes Hotel mit Kamin auf der Terrasse. Zimmer ab 200 €.

11 RUE DES GRAVILLIERS | 75003 PARIS | TEL. +33 01 44 54 13 13 | WWW.HOTELJULESETJIM.COM
METROSTATION: ARTS ET MÉTIERS

LE SERGENT RECRUTEUR

Restaurants

Es gibt so viele tolle Restaurants, dass sie unmöglich auf eine Buchseite passen. Hier also nur eine kleine Auswahl, für die ich ein besonderes Faible habe.

LE RICHER hat edle Gerichte zu reellen Preisen. Menü mit Vorspeise und Hauptgericht oder Hauptgericht und Dessert ab 30 €.
2 RUE RICHER | 75009 PARIS | METROSTATION: CADET

COINSTOT VINO besticht durch gute Produkte und Freundlichkeit. Es gibt Bioweine, Aufschnitt- und Räucherfischplatten und Schmorgerichte. Pro Person unter 45 €.
26 BIS PASSAGE DES PANORAMAS | 75002 PARIS | TEL. +33 01 44 82 08 54
WWW.COINSTOT-VINO.COM | METROSTATION: BOURSE

LE SERGENT RECRUTEUR punktet mit toller Lage, prachtvoller Deko und der hervorragenden Küche von Antonin Bonnet nach Michel Bras. Pro Person ab 50 €.
41 RUE SAINT-LOUIS-EN-L'ISLE | 75004 PARIS | TEL. +33 1 43 54 75 42. LESERGENTRECRUTEUR.FR.
METROSTATION: PONT MARIE

CAFFÈ DEI CIOPPI ist ein hervorragendes, sehr kleines italienisches Restaurant: Reservierung empfohlen! Im Sommer nach einem Tisch auf der Terrasse fragen. Ab 40 €.
159 RUE DU FAUBOURG-SAINT-ANTOINE | 75011 PARIS | TEL. +33 01 43 46 10 14
METROSTATION: LEDRU-ROLLIN

L'ÉBAUCHOIR bietet regionale, frische Küche ein paar Schritte vom Marché d'Aligre entfernt. Unter 40 €.
43 RUE DE CITEAUX | 75012 PARIS | TEL. +33 01 43 42 49 31 | LEBAUCHOIR.COM
METROSTATION: FAIDHERBE CHALIGNY

KUNITORAYA brilliert mit seiner *Udons maison* – ein Gedicht!
1 RUE VILLEDO | 75001 PARIS | TEL. +33 01 47 03 07 74 | KUNITORAYA.COM
METROSTATION: PALAIS-ROYAL–MUSÉE DU LOUVRE

LA CRÈMERIE überzeugt mit ihrem Burrata und ihrem Weinkeller.
9 RUE DES QUATRE-VENTS | 75006 PARIS | TEL. +33 01 43 54 99 30 | WWW.LACREMERIE.FR
METROSTATION: ODÉON

CHEZ NENESSE bietet gute traditionelle französische Küche ab 25 €.
17 RUE DE SAINTONGE | 75003 PARIS | TEL. +33 01 42 78 46 49 | METROSTATION: RÉPUBLIQUE

CAILLEBOTTE überzeugt mit seinem modernen Bistrostil.
8 RUE HIPPOLYTE-LEBAS | 75009 PARIS | TEL. +33 01 53 20 88 70
METROSTATION: NOTRE-DAME-DE-LORETTE

SEPTIME besticht durch die gute Küche von Bertrand Grébaut. Tagesmenü 55 €.
80 RUE DE CHARONNE | 75011 PARIS | TEL. +33 01 43 67 38 29 | SEPTIME-CHARONNE.FR
METROSTATION: CHARONNE

Lust auf Süßes?

Paris ist berühmt für seine Pâtisserien. Auch hier gibt es eine große Auswahl.

EIN GUTES CROISSANT gibt's in vielen Pariser Bäckereien, aber vor allem bei **SÉBASTIEN GAUDARD.** Der Laden ist ebenso toll wie der Kuchen und das Gebäck.
22 RUE DES MARTYRS | 75009 PARIS | TEL. +33 01 71 18 24 70 | WWW.SEBASTIENGAUDARD.FR

WIE WÄR'S MIT TEE ZUM KUCHEN? Im **LOIR DANS LA THÉIÈRE**
3 RUE DES ROSIERS | 75004 PARIS | TEL. +33 01 42 72 90 61 | METROSTATION: SAINT-PAUL

EINE HEISSE SCHOKOLADE? Die **BAR À CHOCOLAT DE JEAN-PAUL HÉVIN**
231 RUE SAINT-HONORÉ | 75001 PARIS | TEL. +33 01 55 35 35 96 | WWW.JEANPAULHEVIN.COM
METROSTATION: TUILERIES

GLUTENFREI? **HELMUT NEW CAKE** 36 RUE BICHAT | 75010 PARIS | TEL. +33 09 82 59 00 39 |
WWW.HELMUTNEWCAKE.COM | METROSTATION: GONCOURT

EIN EIS? Natürlich bei **BERTHILLON** auf der Île Saint-Louis oder italienisches Eis in
der **MARY GELATERIA** BERTHILLON: 29–31 RUE SAINT-LOUIS EN L'ILE | 75004 PARIS | TEL. +33 01
43 54 31 61 | METROSTATION: CITÉ; MARY GELATERIA: 1 RUE CHARLES-FRANÇOIS DUPUIS | 75003 PARIS |
TEL. +33 01 73 74 88 22 | METROSTATION: TEMPLE

EIN MILLE-FEUILLE? Bei **ANGELINA** sind die Blätterteigkreationen zum Niederknien.
226 RUE DE RIVOLI | 75001 PARIS | TEL. +33 01 42 60 82 00 | WWW.ANGELINA-PARIS.FR
METROSTATION: TUILERIES

PETITS CHOUX? Bei **POPELINI** sind die Brandteigbällchen mit Karamell köstlich.

29 RUE DEBELLEYME | 75003 PARIS | TEL. +33 01 44 61 31 44 | METROSTATION: SAINT-SÉBASTIEN-FROISSARD ODER 44 RUE DES MARTYRS | 75009 PARIS | TEL. +33 01 42 81 35 79 | METROSTATION: NOTRE-DAME-DE-LORETTE | WWW.POPELINI.COM.

KÄSEKUCHEN? Den leichtesten Kuchen hat die **PÂTISSERIE CIEL.**

3 RUE MONGE | 75005 PARIS | TEL. +33 01 42 60 88 50 | WWW.PATISSERIE-CIEL.COM
METROSTATION: MAUBERT MUTUALITÉ

MACARONS? **LADURÉE** und **PIERRE HERMÉ** sind auf die Mandelbaisers spezialisiert.

LADURÉE: 16–18 RUE ROYALE | 75008 PARIS | TEL. +33 01 42 60 21 79 | METROSTATION: CONCORDE /
21 RUE BONAPARTE 75006 | TEL. +33 01 44 07 64 87 | METROSTATION: SAINT-GERMAIN-DES-PRÉS
WWW.LADUREE.COM
PIERRE HERMÉ: 3 FILIALEN: 72 RUE BONAPARTE | 75006 PARIS | TEL. +33 01 43 54 47 77 / 185 RUE
DE VAUGIRARD 75015 | TEL. +33 01 47 83 89 97 | METROSTATION: PASTEUR / 39 AVENUE DE L'OPÉRA
75002 PARIS | TEL. +33 01 43 54 47 77 | METROSTATION: OPÉRA | WWW.PIERREHERME.COM

MERINGUES? **MERVEILLEUX** hat in Paris vier Filialen.

94 RUE SAINT-DOMINIQUE | 75007 PARIS | TEL. +33 01 47 53 91 34 | WWW.AUXMERVEILLEUX.COM

TRÜFFELPRALINEN? **LA MAISON DU CHOCOLAT** hat die besten der Welt.

8 BOULEVARD DE LA MADELEINE | 75009 PARIS | TEL. +33 01 47 42 86 52
METROSTATION: LA MADELEINE | WWW.LAMAISONDUCHOCOLAT.COM

SCHOKOLADE? In bester Lage produziert die **MANUFACTURE ALAIN DUCASSE** Schokolade aus dem frischen Extrakt der Kakaobohne.

40 RUE DE LA ROQUETTE | 75011 PARIS | TEL. +33 01 48 05 82 86 | METROSTATION: BASTILLE

KONFITÜREN? **LA CHAMBRE AUX CONFITURES** hat eine schöne Auswahl.

9 RUE DES MARTYRS | 75009 PARIS | TEL. +33 01 71 73 43 77 / 60 RUE VIEILLE-DU-TEMPLE
75003 PARIS | TEL. +33 01 79 25 53 58 | WWW.LACHAMBREAUXCONFITURES.COM

Bars

In Paris ist es üblich, einen Aperitif zu trinken. Man trifft sich oft, meist am Ende der Woche, nach der Arbeit in Bars oder Weinkellern, die kalte Platten und kleine Gerichte anbieten.

LE GARDE ROBE: authentisches Ambiente, Menüs von 12 bis 15 €.
41 RUE DE L'ARBRE SEC | 75001 PARIS | TEL. +33 01 49 26 90 60 | METROSTATION: CHATELET

L'ENTRÉE DES ARTISTES: gute Cocktails und kleine Gerichte.
8 RUE DE CRUSSOL | 75011 PARIS | TEL. +33 09 50 99 67 11 | METROSTATION: FILLES DU CALVAIRE

VERJUS: malerischer Gewölbekeller. Tapas ab 7 Euro, offener Wein 6 bis 12 Euro.
52 RUE DE RICHELIEU | 75001 PARIS | TEL. +33 01 42 97 54 40 | METROSTATION: PYRAMIDES

AUX DEUX AMIS: gastliches Ambiente. 16 bis 35 €.
45 RUE OBERKAMPF | 75011 PARIS | TEL. +33 01 58 30 38 13 | METROSTATION: PARMENTIER

BONES: gute Speisekarte, hausgemachte Produkte wie Brot und Butter und hervorragende Weine. Tellergerichte von 4 bis 30 €.
43 RUE GODEFROY CAVAIGNAC | 75011 PARIS | TEL. +33 09 80 75 32 08

L'AVANT COMPTOIR: köstliche Pintxos von Yves Cambeborde. 3 bis 10 €.
3 CARREFOUR DE L'ODÉON | 75006 PARIS | TEL. +33 01 44 27 07 97
WWW.HOTEL-PARIS-RELAIS-SAINT-GERMAIN.COM

LE ROSA BONHEUR: schön im Sommer; kleine Fleisch- und Käsegerichte unter 15 €.
PARC DES BUTTES CHAUMONT | 2 ALLÉE DE LA CASCADE | 75019 PARIS | TEL. +33 01 42 00 00 45
WWW.ROSABONHEUR.FR

Für einen Cocktail am späteren Abend:

EXPERIMENTAL COCKTAIL CLUB: einfach perfekt und von New York inspiriert.
37 RUE SAINT-SAUVEUR | 75002 PARIS | TEL. +33 01 45 08 88 09 | METROSTATION: SENTIER

ARTISAN: Cocktails und Tapas. 14 RUE BOCHART DE SARON | 75009 PARIS
TEL. +33 01 48 74 65 38 | METROSTATION: ANVERS

GLASS: Bier und Hotdogs. 7 RUE FROCHOT | 75009 PARIS | TEL. +33 09 80 72 98 83
METROSTATION: PIGALLE

LE BAR DU SHANGRI LA: elegantes Ambiente und exotische Cocktails.
10 AVENUE D'IÉNA | 75016 PARIS | TEL. +33 01 53 67 19 98 | METROSTATION: IÉNA

THE LITTLE RED DOOR: etwas versteckt. 60 RUE CHARLOT | 75003 PARIS
TEL. +33 01 42 71 19 32 | WWW.LRDPARIS.COM. METROSTATION: OBERKAMPF

BAR LE COQ: britisch inspirierte Cocktails. 12 RUE DU CHÂTEAU D'EAU | 75010 PARIS
TEL. +33 01 42 40 85 68 | WWW.BARLECOQ.COM | METROSTATION: JACQUES BONSERGENT

Cafés

Die Pariser Cafés mit Sitzplätzen draußen sind immer sehr beliebt: etwa das Café Le Nemours am Palais Royal oder die Bar du Marché in der Rue de Seine.

Die Kaffeemode hat nun auch Paris erreicht, doch schon seit Langem rösten einige Pariser Cafés ihren Kaffee selbst: das Café Verlet, das Coffelia in der Rue Concordet und seit Kurzem auch das Café Lomi, das Café Coutume und die Brûlerie de Belleville. Die Liste dieser neuen Cafés wächst schnell. Hier einige Adressen, die exzellenten Kaffee servieren.

LE KB 62 RUE DES MARTYRS | 75009 PARIS | TEL. +33 01 56 92 12 41 | METROSTATION: PIGALLE

BLACK MARKET CAFÉ 27 RUE RAMEY | 75018 PARIS | METROSTATION: CHÂTEAU ROUGE

TEN BELLES 10 RUE DE LA GRANGE-AUX-BELLES | 75010 PARIS . TEL. +33 01 42 40 90 78 WWW.TENBELLES.COM | METROSTATION: COLONEL FABIEN

LA CAFÉOTHÈQUE 52 RUE DE L'HÔTEL DE VILLE | 75004 PARIS | TEL. +33 01 53 01 83 84 WWW.LACAFEOTHEQUE.COM. METROSTATION: PONT MARIE

HOLYBELLY 19 RUE LUCIEN SAMPAIX | 75010 PARIS | METROSTATION: JACQUES BONSERGENT

TUCK SHOP 13 RUE LUCIEN SAMPAIX | 75010 PARIS | TEL. +33 09 80 72 95 40 METROSTATION: JACQUES BONSERGENT

CAFÉ COUTUME 47 RUE DE BABYLONE | 75007 PARIS | TEL. +33 01 45 51 50 47 METROSTATION: SAINT FRANÇOIS XAVIER

COUTUME LAB 4 RUE DU BOULOI | 75001 PARIS | TEL. +33 01 45 51 50 47 METROSTATION: LOUVRE RIVOLI

FRAGMENTS 76 RUE DES TOURNELLES | 75003 PARIS | METROSTATION: CHEMIN VERT

CAFÉ LOMI 3 TER RUE MARCADET | 75018 PARIS | TEL. +33 09 80 39 56 24 | METRO: MARX DORMOY

TÉLESCOPE 5 RUE VILLEDO | 75001 PARIS | TEL. +33 01 42 61 33 14 | METROSTATION: PYRAMIDES

LE LOUSTIC 40 RUE CHAPON | 75003 PARIS | TEL. +33 09 80 31 07 06 | METRO: ARTS ET MÉTIERS

LE BAL CAFÉ 6 IMPASSE DE LA DÉFENSE | 75018 | TEL. +33 01 44 70 75 51 | METRO: PLACE DE CLICHY

THE BROKEN ARM 12 RUE PERRÉE | 75003 PARIS | TEL. +33 01 44 61 53 60 | METROSTATION: TEMPLE

BRÛLERIE DE BELLEVILLE 10 RUE PRADIER | 75019 PARIS | WWW.CAFESBELLEVILLE.COM

COFFELIA 45 RUE CONDORCET | 75009 PARIS | TEL. +33 01 40 16 04 68 | METROSTATION: ANVERS

CAFÉ VERLET 256 RUE SAINT-HONORÉ | 75001 PARIS | TEL. +33 01 42 60 67 39 | WWW.VERLET.FR METROSTATION: PALAIS-ROYAL–MUSÉE DU LOUVRE

FONDATION CAFÉ 16 RUE DUPETIT-THOUARS | 75003 PARIS | METROSTATION: TEMPLE

CAFÉ CRAFT 24 RUE DES VINAIGRIERS | 75010 PARIS | TEL. +33 01 40 35 90 77 WWW.CAFE-CRAFT.COM | METROSTATION: JACQUES BONSERGENT

Märkte

Jedes Pariser Stadtviertel hat seinen eigenen Markt für frisches Obst, Gemüse, Käse, Fleisch, Fisch, Blumen usw. Hier meine Favoriten:

MARCHÉ D'ALIGRE: ein Teil des Marktes ist überdacht. Rund um den Platz gibt's Cafés und in Hausnummer 8 eine sehr gute Samenhandlung.

PLACE D'ALIGRE | 75012 PARIS | METROSTATION: LEDRU-ROLLIN | TÄGLICH 9–13 UND 16–19.30 UHR

MARCHÉ D'ANVERS: kleiner Markt mit qualitativ hochwertigen Erzeugnissen, unter anderem von dem Biobauern Provibio. Sehr guten Ziegenkäse führt Gaillardin.

PLACE D'ANVERS | 75009 PARIS | METROSTATION: ANVERS | FREITAG 15–20 UHR

MARCHÉ COUVERT DES ENFANTS ROUGES: In der Markthalle im Marais kann man auch gut mittagessen. Besonders köstlich sind die marokkanischen Gerichte.

39 RUE DE BRETAGNE | 75009 PARIS | METROSTATION: TEMPLE | DIENSTAG BIS SONNTAG 8.30–19.30 UHR

MARCHÉ DE LA PLACE DES FÊTES: eine große Auswahl und hervorragende exotische Produkte.

PLACE DES FÊTES | 75019 PARIS | METROSTATION: PLACE DES FÊTES

DIENSTAG UND FREITAG 7–14.30 UHR, SONNTAG 7–15 UHR

MARCHÉ DU PRÉSIDENT WILSON: ein wunderbarer, aber sehr teurer Markt, auf dem es die hervorragenden Produkte des Gemüsebauern Joël Thiebault gibt.

AVENUE DU PRÉSIDENT WILSON | 75016 PARIS | ZWISCHEN DER RUE DEBROUSSE UND DER PLACE D'IÉNA | METROSTATION: ALMA MARCEAU | MITTWOCH UND SAMSTAG 7–14.30 UHR

MARCHÉ BIOLOGIQUE DES BATIGNOLLES: einfach schön und durch und durch bio!

34 BOULEVARD DES BATIGNOLLES | 75017 PARIS | METROSTATION: ROME | SAMSTAG 9–15 UHR

MARCHÉ RASPAIL: sehr großer Wochenmarkt, der sonntags einem Biomarkt viel Platz einräumt.

BOULEVARD RASPAIL, ZWISCHEN DER RUE DU CHERCHE-MIDI ET DER RUE DE RENNES | 75006 PARIS

METROSTATION: RASPAIL | DIENSTAG UND FREITAG 7–4 UHR, SONNTAG 9–15 UHR.

TERROIRS D'AVENIR: ein Markt für alle, die hochwertige, ehrliche Produkte kleiner Erzeuger aus Frankreich und anderen Ländern suchen. Seit 2008 beliefern die Betreiber einige Pariser Top-Restaurants wie Frenchie und Le Galopin. Dann hatten sie die Idee, in der Rue du Nil drei Läden zu eröffnen: eine Metzgerei, ein Obst- und Gemüsegeschäft und ein Fischgeschäft. Freunde hochwertiger Erzeugnisse sollten sich diesen Tipp nicht entgehen lassen. Unterwegs lohnt es sich, die köstlichen Pancakes von Frenchie to Go zu probieren – ohne Zweifel die besten in Paris.

TERROIRS D'AVENIR: 6–8 RUE DU NIL | 75002 PARIS | TEL.: +33 01 45 08 48 80 | DIENSTAG–FREITAG

10–14.30 UND 16.30–21 UHR, SAMSTAG 9–21 UHR, SONNTAG 9–14 UHR.

FRENCHIE TO GO: 5–6 RUE DU NIL | 75002 PARIS | TEL.: +33 01 40 39 96 19

WWW.FRENCHIE-RESTAURANT.COM

Pistolet
Gains
ourg : je suis
venu te dire
que je reviens
In the mode for love
Gainsbourg
s'expose

01

AKTUELLE
TRENDS

Dieses Kapitel präsentiert eine Auswahl von Pariser Concept Stores, innovativen Labels und stilbildenden Designern, die Trends gesetzt haben und auf viele andere inspirierend wirken.

Hocker aus Naturkork, ein Couchtisch aus Acryl, ein buntes Wandregal für Geschirr, strukturierte Marmorplatten, ein beleuchteter Spiegel, ein Sideboard im 50er-Jahre-Stil, edles Papier und fröhliche Tapeten, gläserne Kleiderhaken, die schwebenden Seifenblasen gleichen, Inspiration und Farbe.

Sarah Lavoine

Die Architektin und Innenarchitektin Sarah Lavoine ist eine feste Pariser Größe in Sachen Ausstattung und Dekoration. Sie führt zwei Boutiquen und prägt mit ihrem modernen, schlichten und sparsamen Stil verschiedene große Projekte in Paris. So ist sie etwa künstlerische Leiterin des neuen Ladenkonzepts der **COMPAGNIE FRANÇAISE DE L'ORIENT ET DE LA CHINE (CFOC)**. Ihr Erfolg beruht auf intelligenter Farbgestaltung und Sinn für unaufdringliche, aber elegante Formen.

9 RUE SAINT-ROCH | 75001 PARIS | METROSTATION: TUILERIES

28 RUE DU BAC | 75007 PARIS | METROSTATION: RUE DU BAC

TEL. +33 01 42 86 00 35 | WWW.SARAHLAVOINE.COM

1. – 7. *Arr.*
Karte S. 260
– *S.* 270

In der Rue Saint-Roch befindet sich auch das berühmte Pariser Kaufhaus Colette. *Geht man die Straße in Richtung Jardin des Tuileries, gelangt man in der Rue de Rivoli 107 zum* Musée des Arts Décoratifs. *Der Museumsladen* 107RIVOLI *hat eine hervorragende Auswahl von Büchern über dekorative Kunst, Fotografie, Grafik und Textildesign. Außerdem finden Sie hier zahlreiche moderne Objekte und Schmuck.*

Kann Design

Kann Design sitzt in der dynamischen Rue des Vinaigriers in der Nähe des Canal Saint-Martin. Hier werden Möbel angeboten, die von den 1950er Jahren inspiriert sind. Gefertigt werden die Sessel, Sofas, Couchtische und Regale von Handwerkern im Libanon. Der direkte Kontakt zwischen Designern und Herstellern ermöglicht erschwinglichere Preise. An der Sofa- und Sesselserie „Kora" führt kein Weg vorbei.

28 RUE DES VINAIGRIERS | 75010 PARIS | TEL. +33 09 53 40 86 98
WWW.KANNDESIGN.COM | METROSTATION: JACQUES BONSERGENT

10. *Arr.*
Karte S. 274

In der Rue des Vinaigriers gibt es eine ganze Reihe Geschäfte, die man sich nicht entgehen lassen sollte. **Das Café Craft** (Hausnummer 24), gestaltet vom Studio Pool, bietet sehr guten Kaffee und Platz zum Arbeiten. Nicht weit entfernt in Hausnummer 29 logiert **Loft By Design** in wunderbaren Räumlichkeiten, die vorher die schöne **Galerie Végétale** beherbergten. Dort hat die Marke **Loft** ihr erstes Feinkostgeschäft gestaltet. Der Laden für „Supernahrungsmittel" von **Sol Semilla** (Beeren, Körner und Nahrungsmittelpulver) befindet sich in Hausnummer 23. **La Piñata** bietet wunderschöne Piñatas und Kinderspielzeug an. Wer eine Vorliebe für alte Läden hat, sollte sich unbedingt das Geschäft von **Jean-Marc Poursin** in Hausnummer 35 ansehen: Seit 1891 werden hier Schnallen und Schließen für Sattler- und Lederwaren verkauft.

Portobello décoration

Zwei Schritte von der Rue des Rosiers entfernt bietet Portobello décoration in der Rue du Roi de Sicile eine Riesenauswahl an Stoffen. Das sehr schöne gewaschene Leinen in verschiedenen Farben macht sich im Schlafzimmer ebenso gut wie im Wohnzimmer. Portobello vertreibt Sofas und Regale der Designerin Rébecca Felcey sowie die innovativen Kreationen der Marke petite friture.

32 RUE DU ROI DE SICILE | 75004 PARIS | TEL. +33 01 42 72 27 74
WWW.PORTOBELLO-DECORATION.FR | METROSTATION: SAINT-PAUL

4. Arr.
Karte S. 266

Colonel

Isabelle Gilles und Yann Poncelet kreierten 2010 die Marke Colonel und eröffneten das gleichnamige Geschäft. Man findet dort Dekoobjekte und Möbel, die das Duo entwirft und von französischen Handwerkern in kleinen Serien anfertigen lässt. Buchentische mit klaren Linien, farbige Lampenschirme aus Stoff oder Bergahorn, Sessel, inspiriert von Campingstühlen der 1960er Jahre, wirken modern und frisch. Die farbenfrohen Objekte werden ergänzt durch Produkte ebenso fröhlicher Marken wie de Hay aus Dänemark und Nuée aus Belgien.

14 AVENUE RICHERAND | 75010 PARIS | TEL. +33 01 83 89 69 22
WWW.MONCOLONEL.FR | METROSTATION: JACQUES BONSERGENT

10. Arr.
Karte S. 274

Der Laden liegt nicht weit vom Canal Saint-Martin. Ganz in der Nähe befinden sich die Bar **Comptoir Général** *und das* **Café Ten Belles** *(siehe Karte S. 272).*

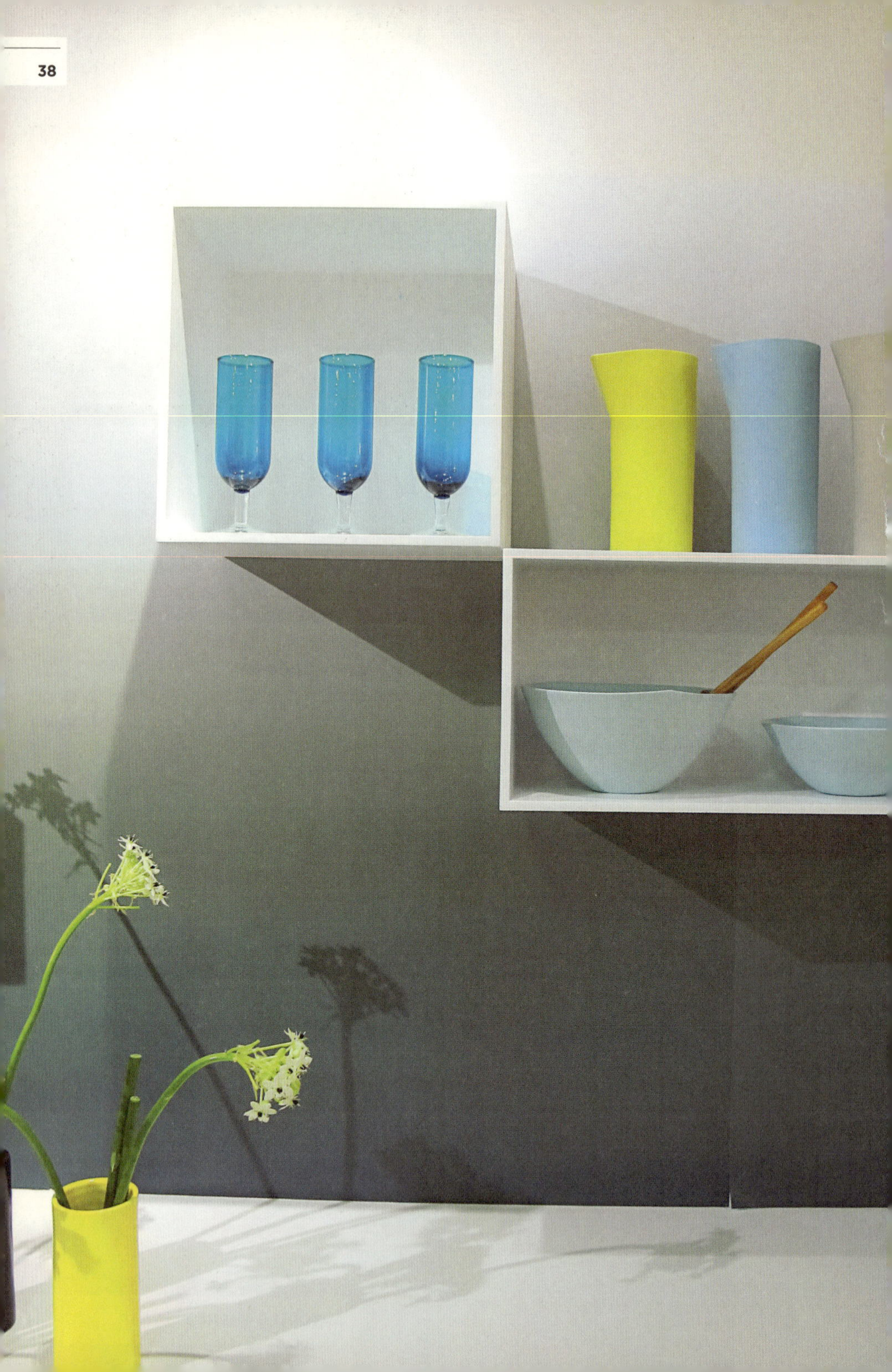

Galeries Sentou

Den Namen Sentou tragen zukünftig drei fantastische Läden und ein Showroom für Fachhändler in Paris. Unter der Leitung von Pierre Romanet setzt die Marke inzwischen in Paris wie auch international Maßstäbe. Sentou steht vor allem für Designermöbel und ein entschiedenes Eintreten für Objekte und Möbel in klaren Farben und schlichten Formen. Highlights unter all den wunderbaren Dingen sind das Sofa „Coogee", das Geschirr „Mud Australia", der Sessel „Isabelle" und die Lampen der Serie „Le Deun".

29 RUE FRANÇOIS MIRON | 75004 PARIS | TEL. +33 01 42 78 50 60 | METROSTATION: SAINT-PAUL

26 BOULEVARD RASPAIL | 75007 PARIS | TEL. +33 01 45 49 00 05 | METROSTATION: SÈVRES-BABYLONE

112 BOULEVARD DE COURCELLES | 75017 PARIS | TEL. +33 01 82 83 52 90

METROSTATION: COURCELLES | WWW.SENTOU.FR

4. - 7. *Arr.*
Karte S. 266 - S. 270

Gegenüber von Sentou in der Rue Miron bietet der Feinkostladen **Izraël** *Gewürze, Konserven und Süßigkeiten aus der ganzen Welt. 30 Rue François Miron | 75004 Paris | TEL. +33 01 42 72 66 23*

Marcel By

Das überaus erfolgreiche junge Möbelgeschäft vertritt vor allem junge Designer und fördert die Handwerker, mit denen es zusammenarbeitet. Bei Marcel By findet man unter anderem die von russischen Matrjoschkas inspirierten Windlichter von Stephane Lanez, den Sessel „Bamby" von Noé Duchaufour-Lawrance und die Spiegel von Samuel Accoceberry.

28 RUE SAINT-CLAUDE | 75003 PARIS | TEL. +33 01 57 40 80 77
WWW.MARCELBY.FR | METROSTATION: SAINT-SÉBASTIEN FROISSART

3. Arr.
Karte S. 264

Ein weiterer angesagter Laden für französisches Design, **FR66***, ist in nur 15 Gehminuten über die Rue Vielle-du-Temple zu erreichen. Rue du Renard Nr. 25 | 75004 Paris*

Maison M

Das Maison M, gegründet 2013 von der Lifestyle-Journalistin Caroline Tossan Covillard, funktioniert wie eine Zeitschrift: Das Schaufenster dient quasi als Cover und zeigt die Trends. Im Inneren wechseln die Themen monatlich. Die Auswahl reicht von erlesenen Schreibwaren von Papier Tigre über Produkte, die in Zusammenarbeit mit den Designern der Tapetenmarke Minakani Lab entstanden, bis zu dänischen, französischen und anderen Marken, die ansonsten in Frankreich nicht vertreten sind.

25 RUE DE BOURGOGNE | 75007 PARIS | TEL. +33 01 47 53 07 74
WWW.MAISONMPARIS.COM | METROSTATION: SOLFÉRINO

7. Arr.
Karte S. 270

Papier Tigre *betreibt auch einen eigenen Laden: 5 Rue des Filles-du-Calvaire | 75003 Paris | Metrostation: Filles-du-Calvaire.*

Home autour du monde

Serge Bensimon, ein wichtiger Akteur in der Pariser Lifestyle- und Innendekorationsszene, gründete den Laden Home autour du monde Anfang der 1980er Jahre. Auf zwei Etagen präsentiert er die mittlerweile berühmte Tenniskollektion „Bensimon" sowie Möbel und stilvolle Objekte. Die großartigen Gras-Lampen, verschiedenste Dekorationsobjekte, Textilien sowie die Duftstoffe, die zur Markenidentität beitragen, bilden eine ausgewogene, moderne Mischung. Die Marke Bensimon entwickelt sich mit dem Zeitgeist weiter, prägt ihn und lebt mit ihm – ein Zeichen großer geistiger Offenheit.

Serge Bensimon initiierte auch **ARTAZART,** die unverzichtbare Spezialbuchhandlung für Grafikdesign und Fotografie in Paris, die unzählige junge Talente ins Licht rückt. Seit 2009 gibt es zudem die **GALLERY S. BENSIMON** in der Rue de Turenne, in der Designer, Künstler und Kunsthandwerker abwechselnd ihre Vision der Objekt- und Möbelwelt zeigen.

12 RUE DES FRANCS BOURGEOIS | 75003 PARIS | TEL. +33 01 42 77 16 18 | WWW.BENSIMON.COM
METROSTATION: SAINT-PAUL
ARTAZART: 83 QUAI DE VALMY | 75010 PARIS | TEL. +33 01 40 40 24 00
METROSTATION: JACQUES BONSERGENT

3. Arr.
Karte S. 264

Persona Grata

Diese Pariser Boutique bietet eine große Auswahl von Möbeln der Marke Tolix an. Tolix wurde 1934 mit seinem Stahlblechstuhl „Modell A" berühmt. Seither hat es seine Produktpalette erheblich erweitert. Es gibt Bänke, Hocker, ein- und dreitürige Schränke, Regale, Kinderschreibtische und noch vieles mehr in unterschiedlichen Farben.

71 BOULEVARD DE SÉBASTOPOL | 75002 PARIS. TEL. +33 01 42 33 15 15

WWW.PERSONA-GRATA.COM | METROSTATION: ÉTIENNE MARCEL

2. Arr.
Karte S. 262

Mona Market

Auf zwei Etagen vereint Mona Market die gesamte Welt des Wohnens: Küche, Schlafzimmer, Badezimmer und Accessoires werden gebrauchsfertig präsentiert. In großer Auswahl sind hier interessante Marken vertreten. Herausragend fand ich die Kollektionen von Chez Honoré und die handgefertigten Hänge- und Stehlampen aus bedrucktem Stoff von Paris au mois d'août.

4 RUE COMMINES | 75003 PARIS | TEL. +33 01 42 78 80 04
WWW.MONAMARKET.COM | METROSTATION: SAINT-SÉBASTIEN FROISSART

3. Arr.
Karte S. 264

*In unmittelbarer Nachbarschaft befindet sich die Cocktailbar **Mary Céleste** in der 1 Rue Commins. Es lohnt sich, die Fisch- und Meeresfrüchtehäppchen zu probieren. www.lemaryceleste.com.*

India Mahdavi

Die Architektin und Designerin India Mahdavi hat zahlreiche Projekte in Paris und im Ausland realisiert. Unter anderem gestaltete sie das **CAFÉ FRANÇAIS** an der Place de la Bastille, das Restaurant des Sternekochs Jean-François Piège, das **THOMEAUX**, und das Restaurant von **HÉLÈNE DARROZE** in London.

Außer ihrem kreativen Hauptsitz in der Rue Las Cases betreibt India Mahdavi noch zwei Läden: Im Showroom #3 in der Rue Las Cases Nr. 3 gibt's Möbel und im Showroom #19, den sie „Petits Objets" nennt, Wohnaccessoires (Kissen, Vasen, Platten, Keramik) in farbenfrohem, geometrischem Stil.

PETITS OBJECTS: 19 RUE LAS CASES | 75007 PARIS | TEL. +33 01 45 55 88 88

SHOWROOM #3: 3 RUE LAS CASES | 75007 PARIS | TEL. +33 01 45 55 67 67

WWW.INDIA-MAHDAVI.COM | METROSTATION: SOLFÉRINO

7. *Arr.*
Karte S. 270

The Collection

The Collection bietet exklusiv in Paris Objekte, Tapeten und Möbel französischer und ausländischer Designer an. Die kleine Mitarbeitercrew wählt die Künstler, die sie vertritt, sorgsam und mit viel Liebe aus: Stickereitapeten von Tracy Kendall, 3-D-Tapeten, in Lettland hergestellte Möbel der Marke Mint Light Living und im Rahmen einer Ausstellung auch die unglaublichen Kreationen von Little Owl Design.

33 RUE DE POITOU | 75003 PARIS | TEL. +33 01 42 77 04 20 | WWW.THECOLLECTION.FR

METROSTATION: SAINT-SÉBASTIEN FROISSART

3. *Arr.*
Karte S. 264

02

TEXTILIEN

In Paris gibt es viele Anbieter von Möbelstoffen, die angesehene Kollektionen herausbringen. Kleinere, unabhängige Läden bieten ein individuelleres Sortiment aus Naturfasern an, die vielfach in Handarbeit in traditionellen Webtechniken verarbeitet wurden. Dadurch bekommen die Stoffe etwas Einzigartiges und Wertvolles.

Leinen, Leinen-jacquard, Baumwoll-stoffe, Hanf und Wolle, Ananas- und Bambusfasern, Kelims aus Zentralasien, Seide aus Indien, intensive Grüntöne, einzigartige Stoffe, von Hand gewebt, gefärbt und genäht, in Pastell-farben und tiefem Indigo-blau, Wohntextilien, warm und behaglich.

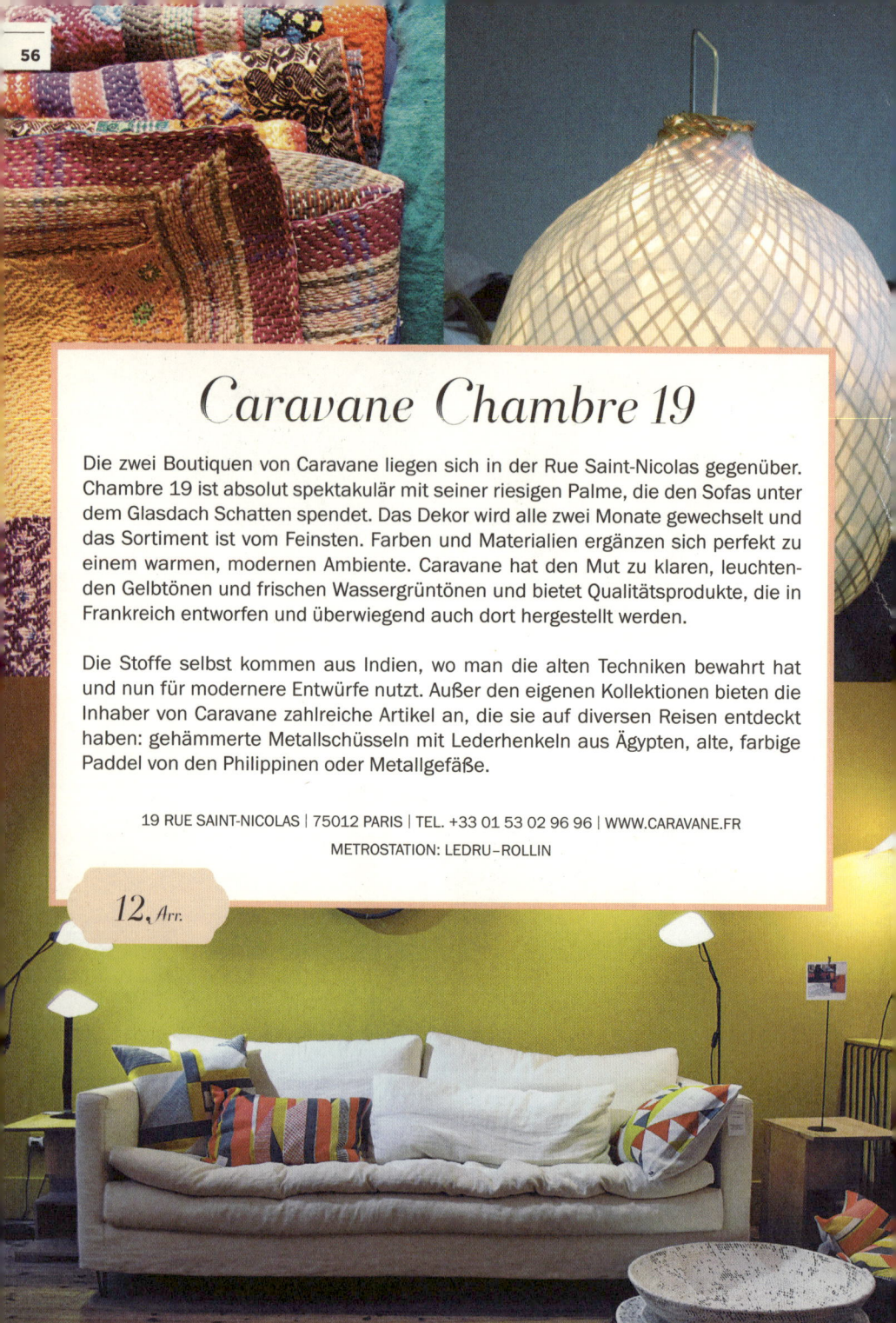

Caravane Chambre 19

Die zwei Boutiquen von Caravane liegen sich in der Rue Saint-Nicolas gegenüber. Chambre 19 ist absolut spektakulär mit seiner riesigen Palme, die den Sofas unter dem Glasdach Schatten spendet. Das Dekor wird alle zwei Monate gewechselt und das Sortiment ist vom Feinsten. Farben und Materialien ergänzen sich perfekt zu einem warmen, modernen Ambiente. Caravane hat den Mut zu klaren, leuchtenden Gelbtönen und frischen Wassergrüntönen und bietet Qualitätsprodukte, die in Frankreich entworfen und überwiegend auch dort hergestellt werden.

Die Stoffe selbst kommen aus Indien, wo man die alten Techniken bewahrt hat und nun für modernere Entwürfe nutzt. Außer den eigenen Kollektionen bieten die Inhaber von Caravane zahlreiche Artikel an, die sie auf diversen Reisen entdeckt haben: gehämmerte Metallschüsseln mit Lederhenkeln aus Ägypten, alte, farbige Paddel von den Philippinen oder Metallgefäße.

19 RUE SAINT-NICOLAS | 75012 PARIS | TEL. +33 01 53 02 96 96 | WWW.CARAVANE.FR

METROSTATION: LEDRU–ROLLIN

12, *Arr.*

C M O

Marianne Oudin, der C M O seinen Namen verdankt, hat sich auf Stoffe aus Pflanzen-fasern spezialisiert: aus Abaca (Manilahanf), Hanf, Ramie (Chinagras), Vetivergras oder Ananasfasern. In ihrem Laden im japanischen Viertel findet man außerdem diverses Flechtwerk aus Papier, Wasserhyazinthe und Rattan. Bambusvorhänge fertigt Marianne Oudin auf Wunsch nach Maß.

5 RUE CHABANAIS | 75002 PARIS | TEL. +33 01 40 20 45 98 | WWW.CMOPARIS.COM
METROSTATION: PYRAMIDE

2. *Arr.*
Karte S. 262

de la prise de mesure, à la
confection (rideaux, coussins,
housses, canapé, tenture
murale...), jusqu'à la pose.

— Une collection de tringles
réalisées selon vos dimensions
et disponible en plusieurs
finitions.

— Un site internet de vente
en ligne proposant une grande
partie des tissus proposés
à la boutique ainsi que les
produits finis et accessoires.

— Un service de « recherche textile »
pour répondre à des demandes
particulières (hôtellerie, tissus
techniques...)

QUI ?

Charlotte de La Grandière,
styliste pour la presse déco,
scénographe de vitrines et
directrice artistique pour divers
catalogue, a souhaité, en créant
Rue Herold, désacraliser
l'approche du tissu haut de
gamme et faire découvrir ou
redécouvrir les belles matières.

COMMENT ?

— En le rendant accessible
et disponible à tous.

— En cherchant le meilleur
rapport qualité-prix.

— Par un lieu épuré et fonctionnel,
sans accroche « déco », où l'offre
est clairement visible et dont le
propos essentiel reste le tissu,
les matières et les couleurs.

— Par une approche humoristique,
fraîche et légère (Antinide, Abdo,
Charivari, Ditirambique...
pour le nom des tissus).

— Par une image et un graphisme
simples et réfléchis.

...ffering...) all the way to the
installation on site.

— A curtain rod collection custom
made to your specific measures,
available in different finishes.

— A web store proposing most of
the fabrics available in store, as
well as the 'take-away' goods
and accessories.

— A "fabric search" service to
answer specific demands
(hotels, technical textiles...)

WHO?

Charlotte de La Grandière,
stylist for decoration
magazines, window display
scenographer and art director
for diverse catalogues, wished
to deconsecrate the high quality
fabric's approach and help
to discover or re-discover
beautiful materials.

THE MEANS?

— By making it more accessible
and available to everyone.

— By offering the best price/quality
ratio.

— By presenting in a refined and
functional space, with no eye-
catching decorations, where
products are easily identifiable
in an offer centred on fabrics,
materials and colours.

— With a humoristic fresh and
light approach (Airbag, Abdo,
Extra, Drink... as fabric's name).

— Through an image and graphics
both simple and well-thought.

Rue Herold

Das Interieur ist weiß, grafisch, schlicht und auf das Wesentliche fokussiert: schöne Stoffe zu bewundernswerten Preisen. Gründerin des Projekts ist Charlotte de La Grandière, eine begeisterte, kreative Dekorationsstylistin. Sie bietet in ihrem Laden eine breite Auswahl an verschiedensten Stoffen an: Leinen gestreift, uni, indigoblau oder ungebleicht; Mischgewebe aus Wolle und Leinen in *rose poudré;* hinreißende Baumwollstoffe – durchweg Naturfasern. Die Stoffe werden meterweise verkauft und vor den Augen des Kunden geschnitten.

8 RUE HÉROLD | 75001 PARIS | TEL. +33 01 42 33 66 56 | WWW.RUEHEROLD.FR
METROSTATION: PALAIS-ROYAL

1. Arr.
Karte S. 260

Zwei Häuser weiter befindet sich die Boutique **L'Éclaireur**. *Lassen Sie sich überraschen!*
10 Rue Hérold | 75001 Paris | Tel. +33 01 40 41 09 89 | www.leclaireur.com

Kilim Ada

Kilims (oder Kelims) sind Webteppiche aus Wolle, die aus dem Nahen Osten, dem Kaukasus oder Zentralasien stammen. Jedes Stück ist ein Unikat, gefertigt in den traditionellen Techniken der dort lebenden Nomadenvölker. Von ihnen sind auch Stil und Motive inspiriert, die eine Art Handschrift darstellen. Kilim Ada hat auf diesem Gebiet in Frankreich Pionierarbeit geleistet: Seit 1985 importiert der Laden traditionelle Teppiche aus den entlegensten Winkeln des Nahen Ostens und Asiens und lässt seit Kurzem auch Kilims in modernerem Stil fertigen.

52 RUE DES ARCHIVES | 75004 PARIS | TEL. +33 01 42 78 03 02 | METROSTATION: HÔTEL-DE-VILLE
34 RUE DES ÉCOLES | 75005 PARIS | TEL. +33 01 43 29 54 77 | METROSTATION: MAUBERT MUTUALITÉ
WWW.KILIMS.FR

4.–5. *Arr.*
Karte S. 266

Lindell and Co

Besitzerin Gabrielle ist Schwedin und hat eine Zeit lang in Indien gelebt. In ihrer kleinen Boutique verkauft sie Kissen und Teppiche, die ausnahmslos nach ihren Entwürfen von Hand in Kaschmir bestickt wurden. Sie hat ein Faible für klare, moderne Farben: verschiedene Grüntöne, Strohgelb, Türkis- und Rotabstufungen.

14 RUE DU GRAND PRIEURÉ | 75011 PARIS | TEL. +33 01 43 57 43 42
WWW.LINDELLANDCO.COM | METROSTATION: OBERKAMPF

11. *Arr.*
Karte S. 276

Adèle Shaw

Adèle Shaw ist stolze Pariser Repräsentantin der wunderschönen Heimtextilienmarke Society Limonta. Die italienische Firma ist seit über 100 Jahren auf Gewebe spezialisiert und hat es verstanden, ihre eigene Marke zu etablieren, deren Linie im Laufe der Zeit weiterzuentwickeln und ihr dabei eine sichere, moderne und diskrete Eleganz zu bewahren. Der Laden strahlt Ruhe und Stille aus und eignet sich perfekt für eine Erholungspause während eines Spaziergangs durch Saint-Germain.

33 RUE JACOB | 75006 PARIS | TEL. +33 01 42 60 80 72
METROSTATION: SAINT-GERMAIN-DES-PRÉS

6. Arr.
Karte S. 268

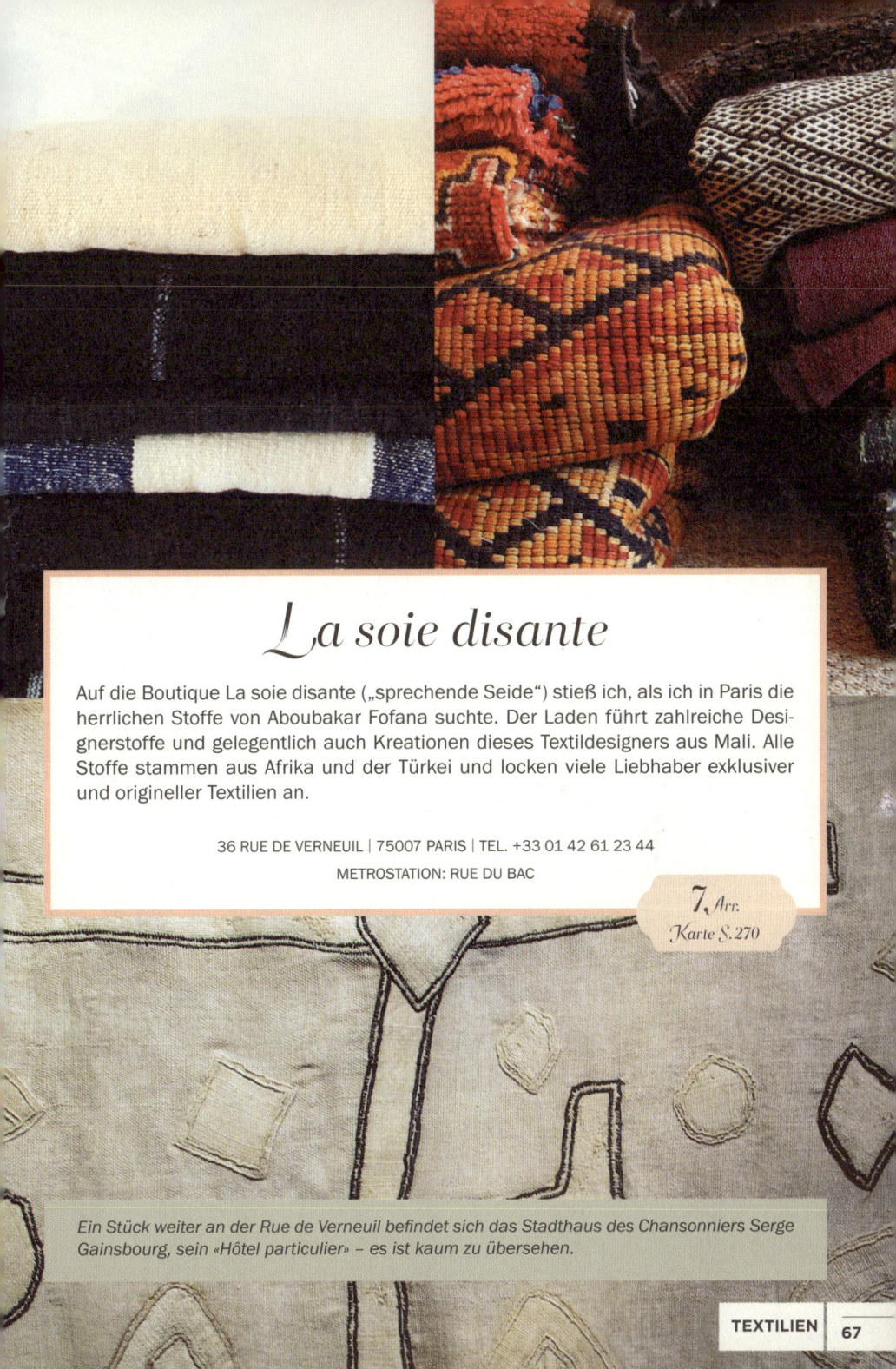

La soie disante

Auf die Boutique La soie disante („sprechende Seide") stieß ich, als ich in Paris die herrlichen Stoffe von Aboubakar Fofana suchte. Der Laden führt zahlreiche Designerstoffe und gelegentlich auch Kreationen dieses Textildesigners aus Mali. Alle Stoffe stammen aus Afrika und der Türkei und locken viele Liebhaber exklusiver und origineller Textilien an.

36 RUE DE VERNEUIL | 75007 PARIS | TEL. +33 01 42 61 23 44

METROSTATION: RUE DU BAC

7. Arr.
Karte S. 270

Ein Stück weiter an der Rue de Verneuil befindet sich das Stadthaus des Chansonniers Serge Gainsbourg, sein «Hôtel particulier» – es ist kaum zu übersehen.

Marché Saint-Pierre

Am Fuß des Montmarte, gegenüber der Halle Saint-Pierre, erstreckt sich der wichtigste Stoffmarkt von Paris über die Rue Charles Nodier, Rue d'Orsel, Rue Ronsard und Rue Livingstone. Die beiden größten Geschäfte, Reine und Dreyfus, bieten eine Riesenauswahl günstiger industriell gefertigter Möbel- und Kleiderstoffe, alles, was man zum Nähen und Sticken braucht, sowie Kurzwaren in Hülle und Fülle. In der Umgebung dieser beiden Geschäfte gibt es kleinere Läden, die sich auf den Verkauf von Stoffresten, Leder, Liberty-Stoffen oder Tüll spezialisiert haben. Bei **SACRÉS COUPONS** findet man Stoffe von Bonpoint oder Claude Pierlot zu interessanten Preisen.

TISSUS REINE: 3–5 PLACE SAINT-PIERRE | 75018 PARIS | TEL. +33 01 46 06 02 31 | WWW.TISSUS-REINE.COM
DREYFUS: 2 RUE CHARLES NODIER | 75018 PARIS | TEL. +33 01 46 06 92 25 | WWW.MARCHESAINTPIERRE.COM
SACRÉS COUPONS: 4 BIS RUE D'ORSEL | 75018 PARIS | TEL. +33 01 42 64 69 96
METROSTATION: ANVERS

18. *Arr.*
Karte S. 278

03

DÜFTE & BLUMEN

Mitten in der quirligen Großstadt verbergen sich Oasen, die uns aufatmen lassen und unsere Sinne beleben. Jede der hier aufge-führten Adressen ist auf ihre Art mit der Natur verbun-den. Sie werden auf Ihrer Reise durch die Welt der Düfte und Pflanzen manches Unbekannte und viel Schönes entdecken.

Knorriges, unbehandeltes Holz, Blütenextrakte, dicht verzweigtes Geäst, reine Essenzen und Öle, Muscheln aus fernen Meeren, bunte Federn, Harze, Jasmin, Ambra, Papier mit überraschender Textur, subtile Düfte, Flügel jahrtausendealter Insekten.

Parks & Gärten

Die Karte zeigt die größten Pariser Parks und Gärten mitsamt den nächstgelegenen Metrostationen. All diese Grünanlagen eignen sich wunderbar, um Picknicks zu veranstalten, Sport zu treiben, zu lesen oder einfach nur Ruhe und Natur zu genießen. Überall in der Stadt liegen noch viele weitere Parks versteckt. Dies ist eine Auswahl meiner Lieblingsorte.

MONCEAU

Ⓜ

PORTE MAILLOT

Ⓜ

PARC MONCEAU

BOIS DE BOULOGNE

CHAMP-DE-MARS
TOUR EIFFEL

Ⓜ

ESPLANADE DES INVALIDES

CHAMP-DE-MARS

PORTE D'AUTEUIL

Ⓜ

JAVEL
ANDRÉ
CITROËN

Ⓜ

PARC ANDRÉ CITROËN

Im **JARDIN DU LUXEMBOURG** und **JARDIN DES TUILERIES** kann man den Charme französischer Gartenkunst erleben und die Anlagen von André le Nôtre aus dem 17. Jahrhundert bewundern. Die Bibliothek an der Place de la Concorde am Ehrentor des Jardin des Tuileries besitzt gut 4000 Gartenbücher. Auch das **MUSÉE CARNAVALET** und die **BIBLIOTHÈQUE FORNEY,** die auf Kunst und Kunstgewerbe spezialisiert ist, haben kleine französische Gärten.

Der **JARDIN DES PLANTES** im Süden von Paris ist der bedeutendste botanische Garten der Stadt. Er erstreckt sich über 23,5 Hektar und umfasst einen Tierpark, die hervorragende Galerie der Evolution, eine Botanikschule, ein Alpinum, das Bergsträucher und -kräuter der ganzen Welt erforscht, ein Rosarium und vier große Gewächshäuser: ein mexikanisches, ein aus-

tralisches und ein neukaledonisches sowie einen Wintergarten.

Der **JARDIN SAINT-GILLES-GRAND-VENEUR** im dritten Arrondissement ist eine echte Überraschung. Er liegt versteckt zwischen kleinen Sträßchen an der Kreuzung der Rue du Grand-Veneur und der Rue de Hesse unweit vom Boulevard Beaumarchais und ist nicht leicht zu finden. Der kleine Park mit seinem schönen Rosengarten ist besonders im Frühsommer für eine kleine Ruhepause zu empfehlen.

PARC DE SCEAU

PARC DE SCEAU

LAMARCK CAULAINCOURT Ⓜ

● L'HOTEL PARTICULIER

PARC DE LA VILLETTE

PORTE DE PANTIN Ⓜ

PIGALLE Ⓜ

PARC DES BUTTES-CHAUMONT Ⓜ BUTTES-CHAUMONT BOTZARIS

● MUSÉE DE LA VIE ROMANTIQUE

Ⓜ TUILERIES

JARDIN DES TUILERIES

JARDIN SAINT-GILLES GRAND-VENEUR

Ⓜ PÈRE-LACHAISE

MUSÉE CARNAVALET ●

Ⓜ CHEMIN VERT

Ⓜ VARENNE

MUSÉE RODIN

● BIBLIOTHÈQUE FORNEY

Ⓜ PONT MARIE

CIMETIÈRE DU PÈRE-LACHAISE

JUSSIEU Ⓜ

JARDIN DU LUXEMBOURG

LES ARÈNES DE LUTÈCE ●

JARDIN DES PLANTES

CHATEAU DE VINCENNES SAINT-MANDÉ Ⓜ

LUXEMBOURG Ⓜ

Ⓜ SAINT-MARCEL

Ⓜ BERCY

PARC DE BERCY

BOIS DE VINCENNES

ARC MONTSOURIS

Ⓜ MONTSOURIS

Wenn Sie ohnehin im fünften Arrondissement unterwegs sind, lohnt sich ein Blick in die **ARÈNES DE LUTÈCE:** Das imposante Amphitheater aus dem 3. Jahrhundert eignet sich bestens für eine Partie Boule.

Das **MUSÉE DE LA VIE ROMANTIQUE** bietet ebenfalls ein angenehmes Ambiente, um bei einem Mittagessen oder einem Tee dem hektischen Treiben in Paris zu entfliehen.

Der Garten des **HÔTEL PARTICULIER MONTMARTRE** ist im Sommer ein idealer Rückzugsort, um etwas zu essen oder zu trinken.

Am Stadtrand von Paris begeistert der **PARC DE SCEAUX** seine Besucher alljährlich im April mit 250 blühenden Kirschbäumen: der ideale Rahmen für das japanische Hanami-Fest.

Stéphane Chapelle

An den goldgelben Wänden des Blumenladens hat die Zeit ihre Spuren hinterlassen. Draußen lassen die vielen Sträucher und Grünpflanzen Passanten langsamer gehen. Drinnen blühen Kirschzweige, Birnenzweige und Hortensien. Sie bilden einen eleganten Rahmen für eine raffinierte Pflanzenauswahl. Stéphane Chapelle fährt jeden Morgen zum Großmarkt nach Rungis, um Bestellungen in letzter Minute zu komplettieren und seinen Kunden nur das Beste anbieten zu können.

29 RUE DE RICHELIEU | 75001 PARIS | TEL. +33 01 42 60 65 66
METROSTATION: PALAIS-ROYAL–MUSÉE DU LOUVRE

1. *Arr.*
Karte S. 260

In der Umgebung gibt es zahlreiche hervorragende Restaurants: **Kunitoraya** *hat die besten Udon von Paris; bei* **Izakaya Issé** *gibt es ein exzellentes Menü für 13 €, und ein Stück weiter begrüßt Nicolas sein Gäste aufs Herzlichste im* **Café Télescope**. *Biegt man von dort links in die Rue Sainte-Anne ein, gelangt man zur Buchhandlung* **Voyageurs du monde**, *der benachbarten Boutique* **Objets du monde** *und zum Feinkostgeschäft* **Roellinger**. *Generell dominieren in dieser Straße japanische Läden und Restaurants.*

Hervé Châtelain

Perfekte Präsentation ist das Geheimnis von Hervé Châtelain. Das Schaufenster ist ebenso prächtig wie der ganze Laden: Man hat das Gefühl, als sähe man jede Blume am ersten Tag ihrer Blüte. Hortensien, Rosen, Lilien – eigentlich unterscheidet sich der Laden in nichts von anderen Floristen außer in der besonderen Sorgfalt, mit der die Farben und verschiedenen Blumen arrangiert sind. Zusätzlich findet man hier sehr schöne Duftkerzen von Pan Puri und Rigaud.

140 RUE MONTMARTRE | 75002 PARIS | TEL. +33 01 45 08 85 57

METROSTATION: BOURSE

2. Arr.
Karte S.262

Nicht weit entfernt ist die Passage des Panoramas mit Restaurants wie **Coinstot Vino, Racines** *und dem hervorragenden, aber teureren* **Passage 53.** *Ganz in der Nähe finden sich auch zwei der besten Bistros von Paris:* **Le Gavoche,** *das von außen recht unscheinbar wirkt, und* **Aux Lyonnais.**

Odorantes

Der schöne Blumenladen Odorantes liegt ganz in der Nähe der Kirche Saint-Sulpice. Er hat in der Modeszene inzwischen einen guten Namen, da er mit den besten Pariser Häusern zusammenarbeitet. Chanel bestellt dort vor allem seine schwarzen Rosen, die durch die Aufnahme von schwarz gefärbtem Wasser entstehen.

9 RUE MADAME | 75006 PARIS | TEL. +33 01 42 84 03 00

METROSTATION: SAINT-SULPICE

6. Arr.
Karte S. 268

Flower

Der Eingang von Flower ist schon von Weitem zu erkennen, da die Blumen hier den Bürgersteig erobern. Wenn man den Laden betritt, weiß man gar nicht, wo man zuerst hinschauen soll. Cécile, die Besitzerin, hat ein Faible für außergewöhnliche Pflanzen und gestaltet die Blumendekoration zahlreicher Pariser Terrassen und Gärten. Die Wände ziert eine rote Textiltapete. Unzählige duftende Rosen, Dahlien, Herbsthortensien und Zweige von Sträuchern mischen sich zu einem faszinierenden Dekor, das bis unter die Decke reicht. Einige Schritte entfernt in der Rue de Babylone hat ein zweiter Flower-Laden mit Atelier und Gartenwelt eröffnet.

14 RUE DES SAINTS-PÈRES | 75006 PARIS | TEL. +33 01 44 50 00 20
WWW.FLOWER.FR | METROSTATION: ST-GERMAIN-DES-PRÉS

7. Arr.
Karte S. 270

*Um die Ecke in der Rue de Verneuil bekommt man im Feinkostgeschäft **L'Épicerie Générale** köstliche Sandwichs, Salate und frisch gepresste Obstsäfte zum unterwegs Essen oder Mitnehmen. Ein Stück weiter bekommt man im Restaurant **Cinq-Mars** ein gutes Mittag- oder Abendessen. Abends sollte man besser einen Tisch reservieren.*

Les mauvaises graines

Die Betreiber von Les mauvaises graines („Unkraut") bezeichnen sich nicht als Floristen, sondern als *plantistes*. Der Laden im Norden des 18. Arrondissements verblüfft mit seinem ungewöhnlichen Look: Kunstrasen auf dem Boden, keine Schnittblumen, nur Topfpflanzen, schöne Stücke vom Trödler und ein paar ausgestopfte Tiere, dazu eine besondere Vorliebe für Rockmusik. Rittersporn, Feldrittersporn, Lupinen, Fenchel, Bronzefenchel – alles stammt aus biologischem Anbau. Les mauvaises graines gestaltet auf Wunsch auch Gärten, Terrassen und Balkone.

25 RUE CUSTINE | 75018 PARIS | TEL. +33 01 55 79 71 35 | WWW.LESMAUVAISESGRAINES.COM
METROSTATION: CHÂTEAU-ROUGE

18. *Arr.*
Karte S.278

Schräg gegenüber von **Mauvaises graines** *bietet* **Les Peintures XVIIIe** *eine gute Auswahl von Gemälden und Tapeten. Ein Stück weiter liegt das hervorragende* **Black Market Café**, *27 Rue Ramey.*

Claude Nature

Nachdem Claude einige Jahre bei Deyrolle (siehe Seite 84) gearbeitet hatte, eröffnete er seinen eigenen Laden für Tierpräparate am Boulevard Saint-Germain. Sein Spezialgebiet sind Insekten, Muscheln, Vögel und Schmetterlinge. Man findet hier unglaubliches Getier aus der ganzen Welt zu durchaus erschwinglichen Preisen: Plusiotis-Käfer aus Costa Rica, tiefgrüne australische Prachthirschkäfer und unglaubliche Wandelnde Blätter aus Indonesien. Außerdem gibt es eine Fülle von Utensilien für Insektenkundler. Die Bedienung ist überaus freundlich: Wer will, bekommt jede Menge interessanter, erstaunlicher Informationen. Zum Beispiel erfährt man, dass es Pfeilschwanzkrebse in unveränderter Form seit 500 Millionen Jahren gibt und sie bis heute in der Medizin genutzt werden. Jeder Besuch ist ein kleiner naturwissenschaftlicher Lehrgang.

32 BOULEVARD SAINT-GERMAIN | 75007 PARIS | TEL. +33 01 44 07 30 79
WWW.CLAUDENATURE.COM | METROSTATION: MAUBERT-MUTUALITÉ

7. *Arr.*
Karte S. 270

Deyrolle

Deyrolle ist seit 1831 eine Institution in Paris, die sich kein Freund von Tierpräpa-
raten entgehen lassen sollte. Die Schäden, die ein Brand im Februar 2008 ange-
richtet hatte, sind mittlerweile behoben. Heute ist der Laden schöner denn je: ein
faszinierendes Sammelsurium von unbeweglichen Zebras, Tigern, Skorpionen, Vö-
geln, Schmetterlingen und anderem Getier. Die wunderbare Tapetenkollektion, die
Deyrolle gerade herausgebracht hat, ist von seinen didaktischen Postern inspiriert.
Zwei weitere Fachgeschäfte für Tierpräparate sind die **GALERIE CHARDON,** 21–23
Rue des Filles-du-Calvaire, und **DESIGN ET NATURE,** 4 Rue d'Aboukir.

46 RUE DU BAC | 75007 PARIS | TEL. +33 01 42 22 30 07 | WWW.DEYROLLE.FR
METROSTATION: RUE DU BAC

7, Arr.
Karte S. 270

Hermès

Der Hermès-Laden in der Rue de Sèvres hat sich in einem antiken Bad aus der Römerzeit eingerichtet und die ursprüngliche Architektur wunderbar bewahrt. Auf der Ebene des Schwimmbeckens stehen nun Holzpavillons auf einem Mosaikboden, der mit seinen Türkis- und Azurblautönen an Wasser erinnert. Kunsthandwerk und handwerkliches Können standen bei Hermès schon immer im Fokus. Dieser Laden ist ein Muss – sowohl wegen der hochwertigen Blumensträuße als auch wegen des schönen Ambientes. Sie finden hier das Geschirr Hermès, Schmuck, Möbel, Tapeten sowie prachtvolle Sättel und Reiterbedarf mit dem berühmten „H". In der Rue de Sèvres 17 gibt es auch die Kollektionen „Petit H" mit einzigartigen Objekten aus Leder- und Stoffresten, Glasstückchen und Holzabfällen. Aus dem berühmten Hermès-Schal wird ein Segel und aus einem Lederrest der Kelly Bag ein Bezug für einen Holzschemel.

17 RUE DE SÈVRES | 75006 PARIS | TEL. +33 01 42 22 80 83 | WWW.HERMES.COM

METROSTATION: SÈVRES-BABYLONE

6. *Arr.*
Karte S.270

Gleich nebenan im **Maison du Chocolat** *gibt's hervorragende Trüffeln und andere Köstlichkeiten aus Schokolade.* **Le Bon Marché,** *das schickste Kaufhaus der Stadt, und* **La Grande Épicerie de Paris** *sind nur fünf Gehminuten entfernt in der Rue de Sèvres 38.*

Odeur de Sainteté

Die hübschen Flakons mit den zum Teil düsteren, aber immer poetischen Götterna-men entdeckte ich bei **ASTIER DE VILLATE**. Schöpferin der schönen Kreationen ist Chantal Sanier, die ihren Parfüms eine besondere Dimension voller Kultur, Vielfalt und Charakter verleiht. Die Düfte erschließen, entfalten und entwickeln sich bei jedem anders, als ob sie lebendig wären. Zu jedem Flakon gibt es einen elegan-ten Text voller Poesie dazu. Diese übernatürlichen Parfüms, wie Chantal sie gern nennt, haben mittelalterliche Anklänge und werden ohne Konservierungsstoffe hergestellt. Neun Duftnoten sind bei Astier de Vilatte und bei **MERCI** zu finden. Gelegentlich öffnet Chantal Sanier ihr herrliches Atelier am Quai du Louvre nach vorheriger Anmeldung für Besucher.

NUR NACH VEREINBARUNG | 22 QUAI DU LOUVRE | 75001 PARIS | TEL. +33 01 42 21 38 33
WWW.ODEURDESAINTETE.COM

1. Arr.
Karte S. 260

Miller et Bertaux

Dieser Laden lässt sich nur schwer einordnen. In erster Linie ist er ein Ort der Inspiration, an dem man wunderbare kleine Objekte aus verschiedenen Ländern findet: Geschenkpapier aus Marokko, Stoffpuppen von Antonia Rossi, exzellente Keramiken, Handgewebtes aus Bali und schöne Kerzen. Das Angebot ist ebenso elegant wie die Material- und Farbpalette. Die Tatsache, dass es keine Markenartikel, aber fast ausschließlich Unikate gibt, macht diesen Laden zu einer meiner Lieblingsadressen in Paris.

17 RUE FERDINAND DUVAL | 75004 PARIS | TEL. +33 01 42 78 28 39
WWW.MILLERETBERTAUX.COM | METROSTATION: SAINT-PAUL

4. Arr.
Karte S. 266

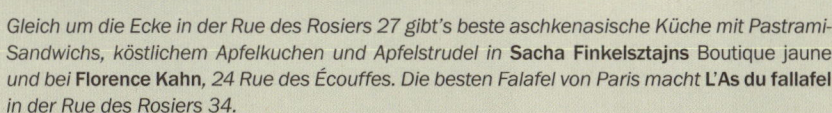

Gleich um die Ecke in der Rue des Rosiers 27 gibt's beste aschkenasische Küche mit Pastrami-Sandwichs, köstlichem Apfelkuchen und Apfelstrudel in **Sacha Finkelsztajns** *Boutique jaune und bei* **Florence Kahn**, *24 Rue des Écouffes. Die besten Falafel von Paris macht* **L'As du fallafel** *in der Rue des Rosiers 34.*

Mad et Len bei l'Eclaireur

Die Produkte von Mad et Len entdeckte ich bei Tranoï: schöne, nüchterne, dunkle und elegante Duftkerzen in schweren, schwarzen runden Schachteln, hergestellt in Südfrankreich. Zu kaufen gibt es sie im Marais bei L'Eclaireur, der für die Entdeckung neuer, avantgardistischer Talente bekannt ist. Neugierigen ist der unglaubliche Laden in der Rue Hérold 10 zu empfehlen. Dort gibt's auch die prächtigen dänischen Teppiche der Marke Private 0204.

10 RUE HEROLD | 75001 PARIS | METROSTATION: ÉTIENNE MARCEL
40 RUE DE SÉVIGNÉ | 75003 PARIS | METROSTATION: SAINT-PAUL
ADRESSEN DER ANDEREN FILIALEN UNTER SHOP.LECLAIREUR.COM

2. Arr.
Karte S.262

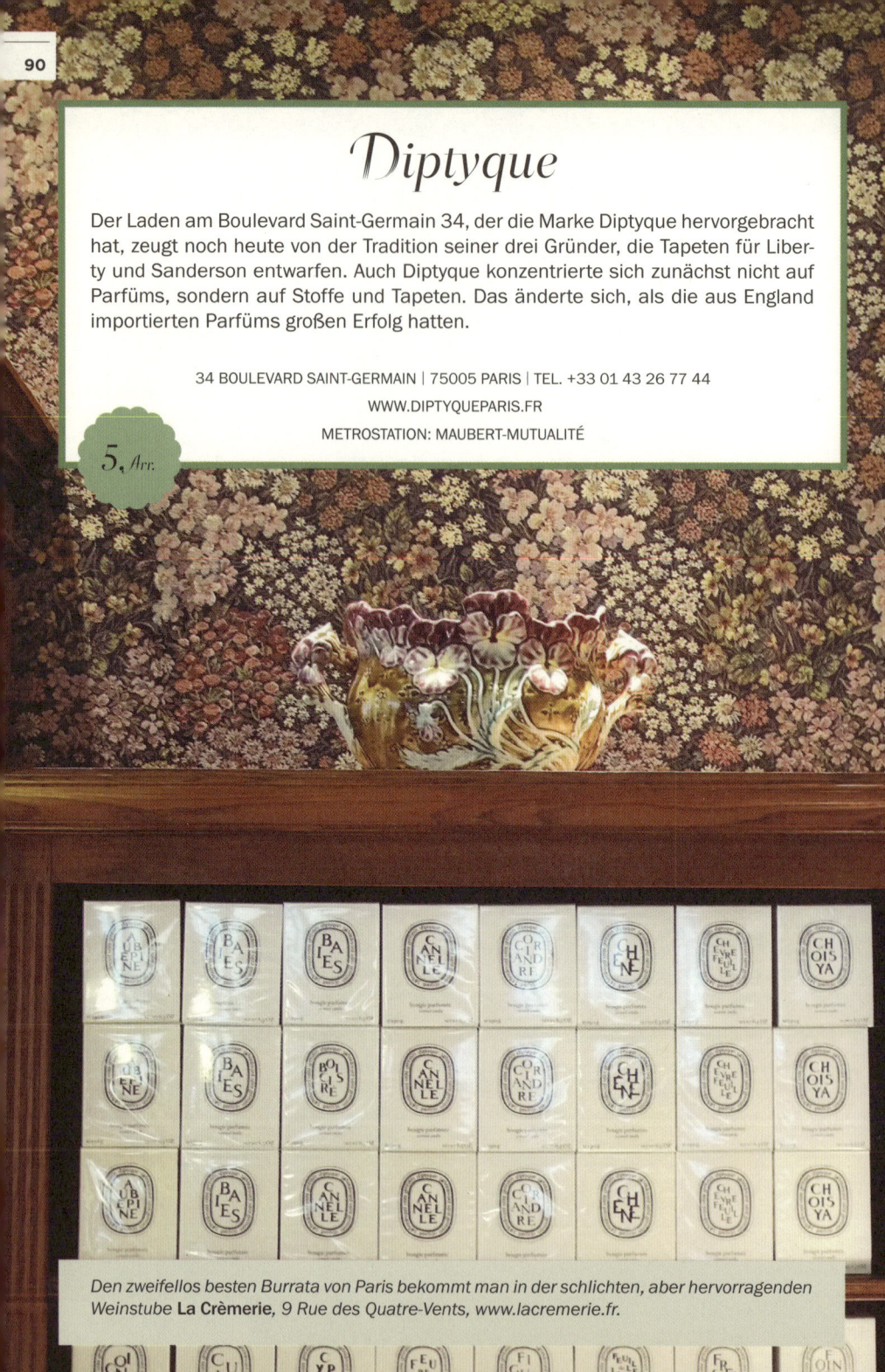

Diptyque

Der Laden am Boulevard Saint-Germain 34, der die Marke Diptyque hervorgebracht hat, zeugt noch heute von der Tradition seiner drei Gründer, die Tapeten für Liberty und Sanderson entwarfen. Auch Diptyque konzentrierte sich zunächst nicht auf Parfüms, sondern auf Stoffe und Tapeten. Das änderte sich, als die aus England importierten Parfüms großen Erfolg hatten.

34 BOULEVARD SAINT-GERMAIN | 75005 PARIS | TEL. +33 01 43 26 77 44
WWW.DIPTYQUEPARIS.FR
METROSTATION: MAUBERT-MUTUALITÉ

5, Arr.

Den zweifellos besten Burrata von Paris bekommt man in der schlichten, aber hervorragenden Weinstube **La Crèmerie**, *9 Rue des Quatre-Vents, www.lacremerie.fr.*

Cire Trudon

Cire Trudon ist seit 1643 mit der Geschichte der französischen Monarchie verbunden, erst als Wachslieferant für Versailles und später für Napoleon. Das Haus Trudon hat es verstanden, sich über Jahrhunderte an der Spitze der Duftkerzenmarken der Welt zu halten. Außer den erfolgreichen Duftkerzen führt Cire Trudon auch Kameekerzen und eine riesige Auswahl farbiger Kerzen.
Eine besondere Spezialität von Cire Trudon ist eine „Stinkbombe" in wohlriechender Variante: ein kleiner Flakon mit köstlichen Düften, die sich nach Belieben verbreiten lassen.

78 RUE DE SEINE | 75006 PARIS | TEL. +33 01 43 26 46 50
WWW.CIRETRUDON.COM | METROSTATION: ODÉON

6. Arr.
Karte S.268

Einige schöne Boutiquen säumen die Rue Saint-Sulpice und die Rue des Quatres-Vents:
Catherine Memmi *verkauft die schönen Keramiken von* **Christiane Perrochon,** *und bei* **Secret Maison** *gibt's hübsche Leinenwäsche.*

Blumenmärkte auf den Quais

Neben den üblichen Blumenläden gibt es in Paris noch zwei Blumen- und Pflanzenmärkte: Am Quai de la Mégisserie ist vor allem **VILMORIN** zu nennen. Dort bekommen Sie Zimmer-, Balkon- und Gartenpflanzen, Samen, Blumentöpfe und Blumenerde – also alles, was Ihre Topfpflanzen brauchen.

LE MARCHÉ AUX FLEURS ET AUX OISEAUX, der Blumen- und Vogelmarkt auf der Île de la Cité, findet täglich von 8 bis 19 Uhr statt. Dort gibt es jede Menge Pflanzen und Sträucher. Sonntags werden auf dem Vogelmarkt Vögel, Körner und Käfige aller Art angeboten. Wenn Sie sich für Heilkräuter interessieren, sollten Sie unbedingt die **HERBORISTERIE DU PALAIS-ROYAL** aufsuchen.

QUAI DE LA MÉGISSERIE | 75001 PARIS | METROSTATION: CHÂTELET

PLACE LOUIS LÉPINE & QUAI DE LA CORSE | 75004 PARIS | METROSTATION: CITÉ

1.–4. Arr.
Karte S. 260
– S. 266

04

KÜNSTLER-BEDARF

Künstlerisches Talent, ein besonderer Sinn für Farbe, Gespür für eine Technik, die Beherrschung eines bestimmten Materials, Leidenschaft und Liebe zur Sache: Menschen, die all das besitzen, inspirieren mich. Jeder Besuch bei den Meistern ihres Fachs, die oft versteckt in kleinen Hinterhöfen arbeiten, ist eine Bereicherung. Denn ihr Enthusiasmus ist ansteckend. Dieses Kapitel stellt einige Künstler und Händler für Künstlerbedarf vor, die ich in Paris kennenlernen durfte. Sie haben sich die Zeit genommen, mir ihre Arbeit zu erklären und mir einige gute Adressen zu verraten.

Pinsel in den Stärken 12, 22 oder 30, die über Kozo-Usukuchi-Papier gleiten; Ölkreide in kräftigem Flandernblau; Fläschchen mit Harz, ein Lappen mit Tintenflecken, geprägtes Papier, Leinwand, hellgelbe Pastellkreide, die eine Kontur nachzeichnet. Der Geruch von Firnis, das Knarren von Parkett.

3111 Rouge Géra
3211 Rouge Capu
3231 Rouge Ps

3361 Soleil couc
3421 Ocre Rouge
3441 Ocre doré

3541 Ocre d'Or
3611 Vermillon de Chin
3631 Vermillon de Cadmium

de Cadmium X
brillant

3831 Carmin brûlé...
3911 Rouge au Ja
4111 Jaune Souci

La Maison du Pastel

Für alle, die Farben lieben, ist das Maison du Pastel ein Muss. Isabelle Roché ist es gelungen, das Familiengeschäft wiederzubeleben, indem sie sich die Geheimnisse der Herstellung von Pastellfarben angeeignet hat. Isabelle kann so ansteckend von ihrer Leidenschaft und der Geschichte der Marke Roché erzählen, dass man sich wünscht, genug Talent zu haben, um mit diesen wunderbaren Farben zu malen.

20 RUE RAMBUTEAU | 75003 PARIS | TEL. +33 01 40 29 00 67 | WWW.LAMAISONDUPASTEL.COM

GEÖFFNET DONNERSTAGNACHMITTAG ODER NACH VEREINBARUNG

METROSTATION: RAMBUTEAU

4. Arr.
Karte S. 264

*In unmittelbarer Nachbarschaft befindet sich die wunderbare Konditorei **Pain de Sucre**, 14 Rue Rambuteau, Tel. +33 01 45 74 68 92 | www.patisseriepaindesucre.com.*

Calligrane

Calligrane sitzt in der „Papierstraße" Rue du Pont Louis-Philippe unweit der Quais und ganz in der Nähe des quirligen **BAZAR DE L'HÔTEL DE VILLE** (BHV). Im Laufe der Zeit haben sich hier Fachhandlungen für Papier angesiedelt wie Papier Plus, Mélodies Graphiques und eben **CALLIGRANE**. Dieser Laden lockt vor allem Designer, Fotografen und Liebhaber schöner Materialien an. Er ist spezialisiert auf handgeschöpftes Japanpapier und bietet Papiere unterschiedlicher Größe und Textur an, die in ihrer Eleganz Kunstwerken gleichen. Unter den mehr als 100 Papierarten findet sich Papier aus Pflanzenfasern, Mayapapier, Papier aus Bhutan, Thailand und Brasilien. Man bekommt sie auch in Form von Kladden, deren Umschläge von jungen Künstlern gestaltet wurden. Sie können hier übrigens auch Visitenkarten drucken und Bücher binden lassen. Außerdem gibt es sehr ansprechende Schreib- und Lederwaren und kleine Objekte rund ums Papier.

6 RUE DU PONT-LOUIS-PHILIPPE | 75004 PARIS | TEL. +33 01 48 04 09 00 | WWW.CALLIGRANE.FR

METROSTATION: PONT-MARIE

4. Arr.
Karte S. 266

Papier Plus

Seit 1976 bietet diese Boutique ein großes Sortiment an Heften, Fotoalben und Geschenkschachteln an. Jedes Teil wurde nach Entwürfen von Papier Plus von französischen Handwerkern angefertigt. Qualität und Verarbeitung machen sie zu hochwertigen Produkten. Manche Zeichner oder Schriftsteller kaufen bereits seit über zehn Jahren die gleichen Hefte oder Kladden, immer im gleichen Format und der gleichen Farbe, um darin ihre Skizzen, Notizen oder Erinnerungen festzuhalten. Ein Stammkunde hat in diesem Jahr bereits sein 260. Heft erstanden.

9 RUE DU PONT-LOUIS-PHILIPPE | 75004 PARIS | TEL. +33 01 42 77 70 49
WWW.PAPIERPLUS.COM | METROSTATION: PONT-MARIE

*4. Arr.
Karte S. 266*

Lavrut

Lavrut in der Passage Choiseul existiert bereits seit 1922. Inzwischen wird das Fachgeschäft in vierter Generation geführt. Es teilt sich in einen Schreibwarenhandel mit einer vielfältigen Kollektion von Notizheften, eine Druckerei und eine Abteilung für Künstlerbedarf. Die Zusammenarbeit mit **ADAM,** 11 Boulevard Edgard Quintet im 14. Arrondissement, ermöglicht es beiden Geschäften, die fachliche Tradition der Pariser Geschäfte für Künstlerbedarf fortzuführen.

52 PASSAGE CHOISEUL | 75002 PARIS | TEL. +33 01 42 96 95 54 | WWW.ADAM-LAVRUT.COM

METROSTATION: QUATRE-SEPTEMBRE

ADAM MONTPARNASSE: 11 BOULEVARD EDGAR QUINET | 75014 PARIS

TEL. +33 01 43 20 68 53 | METROSTATION: EDGAR QUINET

2. *Arr.*
Karte S. 262

Lavrut
depuis 1922

Benneton

Seit 1880 ist Benneton seiner ästhetischen Linie treu geblieben. Die Stammkunden des Hauses kommen aus der Welt der Mode und der Politik. Sie alle sind Menschen mit Sinn für das Schöne. Benneton fertigt Gravuren an und pflegt in Zusammenarbeit mit preisgekrönten Handwerkern Frankreichs die alte Handwerkstechnik der Prägung. So gewährleistet das Unternehmen Qualität und Makellosigkeit seiner Produkte. Jede Briefkarte wird von Hand mit einem farbigen Rand versehen, was sie zu individuellen und wertvollen Objekten macht und ihnen Seele gibt.
Wer sich selbst fürs Gravieren interessiert, findet bei **CHARBONNEL** auf dem Quai Montebello alle nötigen Utensilien.

75 BOULEVARD MALESHERBES | 75008 PARIS | TEL. +33 01 43 87 57 39
BOUTIQUE.BENNETONGRAVEUR.COM | METROSTATION: SAINT-AUGUSTIN
CHARBONNEL: 13 QUAI MONTEBELLO | 75005 PARIS
TEL. +33 01 43 54 23 46 | METROSTATION: PLACE SAINT-MICHEL

8. Arr.

Sennelier

Seit 125 Jahren bietet Sennelier auf drei Etagen Künstlerbedarf an: Aquarellfarben in zahllosen Nuancen, Malspachtel, Pigmente, Mörser zum Zerstoßen von Farben, Tinte, Farben, Rund- und Flachpinsel sowie Zeichenblocks. Bis heute sind die Öl- und Aquarellfarben berühmt, die einst Gustave Sennelier entwickelte und die Maler wie Cézanne oder Picasso inspirierten. Eine Besonderheit ist auch die Abteilung für Papier aus aller Welt im obersten Stockwerk, geleitet von einem passionierten Fachmann, der seit 40 Jahren auf diesem Gebiet arbeitet. Hier gibt es jede erdenkliche Papiersorte: japanisches, koreanisches, indisches und sogar Amatl-Papier aus Baumrinde, wie die Azteken es verwendeten. Dort habe ich auch sehr schöne Hefte entdeckt, etwa die der **COMPAGNIE DU KRAFT,** die in der Rue Jacob im sechsten Arrondissement einen eigenen Laden betreibt (www.lekraft.com).

LES COULEURS DU QUAI | 3 QUAI VOLTAIRE | 75007 PARIS | TEL. +33 01 42 60 72 15
WWW.MAGASINSENNELIER.COM | METRO: PALAIS-ROYAL–MUSÉE DU LOUVRE

7. *Arr.*
Karte S. 270

Ganz in der Nähe, in der Rue Bonaparte, befindet sich die Kunstakademie École des Beaux-Arts: Wenn das Tor offen steht, kann man auch einen Blick hineinwerfen.

Dubois

Im schönen Studentenviertel Panthéon, nicht weit vom Jardin du Luxembourg entfernt, verkauft Dubois Künstlermaterialien. Die Firma, die ursprünglich Farben herstellte, gehört zu den alteingesessenen Pariser Familienbetrieben. Das Geschäft hat sich mit den unzähligen Holzschubfächern und einem alten Dielenboden das Erscheinungsbild von 1861 bewahrt. Hier bekommen Künstler alles, was sie brauchen, darunter auch kleine Holzmodelle mit detailgetreuen Händen und Knien.

20 RUE SOUFFLOT | 75005 PARIS | TEL. +33 01 44 41 67 50
WWW.DUBOIS-PARIS.COM | METROSTATION: CLUNY–LA SORBONNE

5. *Arr.*

Laverdure & Fils

Diese Adresse bekam ich von einem Bildhauer, als ich Requisiten für eine Arbeit zum Thema Rom suchte. Der Laden liegt etwas abseits vom belebten Boulevard Faubourg-Saint-Antoine und wirkt, als gebe es ihn schon ewig. Hier finden Bildhauer und Rahmenmacher alles, was sie brauchen ...

58 RUE TRAVERSIÈRE | 75012 PARIS | TEL. +33 01 43 43 38 85 | WWW.LAVERDURE.FR

METROSTATION: LEDRU–ROLLIN

12. Arr.

La Cristallerie Schweitzer

Schon von draußen hört man die laufenden Schleifmaschinen. Die Werkstatt, in der drei junge Handwerkerinnen (tolle junge Frauen) arbeiten, ist zweifellos original. Sie haben den Betrieb übernommen und reparieren und restaurieren Gläser aller Art. Eine ideale Adresse, wenn ein altes Glas eine Scharte oder der Stopfen einer Karaffe einen Sprung hat.

84 QUAI DE JEMMAPES | 75010 PARIS | TEL. +33 01 42 39 61 63
WWW.CRISTALLERIES-SCHWEITZER.FR | METROSTATION: JACQUES BONSERGENT

10. *Arr.*
Karte S.274

LEGERON
Fleurs et Plumes

Legeron

Legeron gehört zu den alteingesessenen Pariser Familienbetrieben. Auf vier Etagen werden seit 1880 in den Werkstätten in einem Hinterhof an der belebten Rue des Petits-Champs künstliche Blumen produziert – abgestimmt auf die verschiedenen Bestellungen und Kollektionen der Haute Couture. Geschickte Hände schneiden, formen, färben und fertigen echte Federn und falsche Blumen, die später die Kreationen der berühmtesten Couturiers zieren: egal ob Jacken, Kleider oder Hüte. Sie arbeiten mit traditionellen Werkzeugen und Maschinen und beherrschen ihr Metier einfach perfekt. Man kriegt den Mund vor Staunen gar nicht wieder zu bei so viel Können und so großartigen Kreationen. Wer will, kann sich hier etwas Besonderes für eine Hochzeit oder einen speziellen Anlass anfertigen lassen. Am besten vereinbart man telefonisch einen Termin.

Federn bekommt man auch bei **RD SPECTACLES** im zweiten Arrondissement.

20 RUE DES PETITS-CHAMPS | 75002 PARIS | TEL. +33 01 42 96 94 89
WWW.LEGERON.COM | METROSTATION: OPÉRA
RD SPECTACLES: 82 RUE DE CLÉRY | 75002 PARIS | TEL. +33 01 40 26 71 86
WWW.RD-SPECTACLES.FR | METROSTATION: STRASBOURG–SAINT-DENIS

2. Arr.
Karte S.262

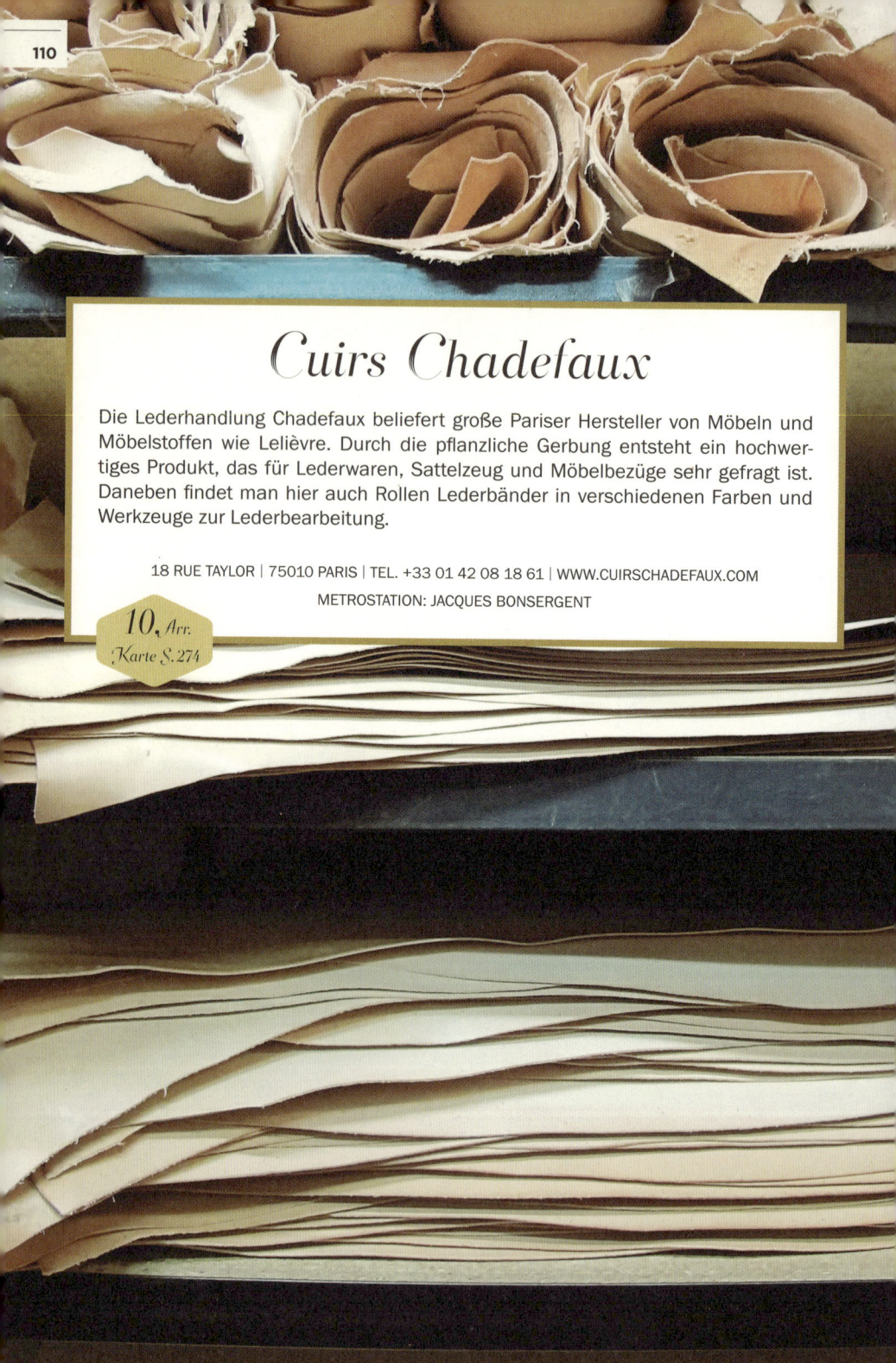

Cuirs Chadefaux

Die Lederhandlung Chadefaux beliefert große Pariser Hersteller von Möbeln und Möbelstoffen wie Lelièvre. Durch die pflanzliche Gerbung entsteht ein hochwertiges Produkt, das für Lederwaren, Sattelzeug und Möbelbezüge sehr gefragt ist. Daneben findet man hier auch Rollen Lederbänder in verschiedenen Farben und Werkzeuge zur Lederbearbeitung.

18 RUE TAYLOR | 75010 PARIS | TEL. +33 01 42 08 18 61 | WWW.CUIRSCHADEFAUX.COM
METROSTATION: JACQUES BONSERGENT

10. Arr.
Karte S. 274

BEURRE 942

SOLEIL 700

Peausserie Poulain

Poulain beliefert seit 1919 die Haute Couture und viele Dekorationshäuser mit geschmeidigem Leder aller Art wie Velours-Ziegenleder oder Lammleder. Alle Materialien werden in verschiedenen Farben angeboten.

52 BOULEVARD RICHARD LENOIR | 75011 PARIS | TEL. +33 01 48 05 54 54
WWW.PEAUSSERIEPOULAIN.COM | METROSTATION: RICHARD LENOIR

11. Arr.
Karte S. 276

Patricia Vieljeux

In der Rue Godefroy Cavaignac ist einiges los. Unter anderem findet man hier das Atelier der Töpferin Patricia Vieljeux, die Reizvolles aus Steinzeug und Porzellan produziert. Wer will, kann bei ihr auch einen Töpferkurs belegen.

21 RUE GODEFROY CAVAIGNAC | 75011 PARIS | TEL. +33 01 46 59 04 10 | WWW.PATRICIAVIELJEUX.COM

METROSTATION: VOLTAIRE OU CHARONNE

11. Arr.
Karte S. 276

In der Rue Godefroy Cavaignac 43 befindet sich das Restaurant des jungen australischen Kochs James Henry, das **Bones**. Ein Stück weiter in der Rue Charonne 80 liegt das hervorragende **Septime** mit seinem neuen Fischrestaurant sowie gleich um die Ecke das **Septime Cave** in der Rue Basfroi 3.

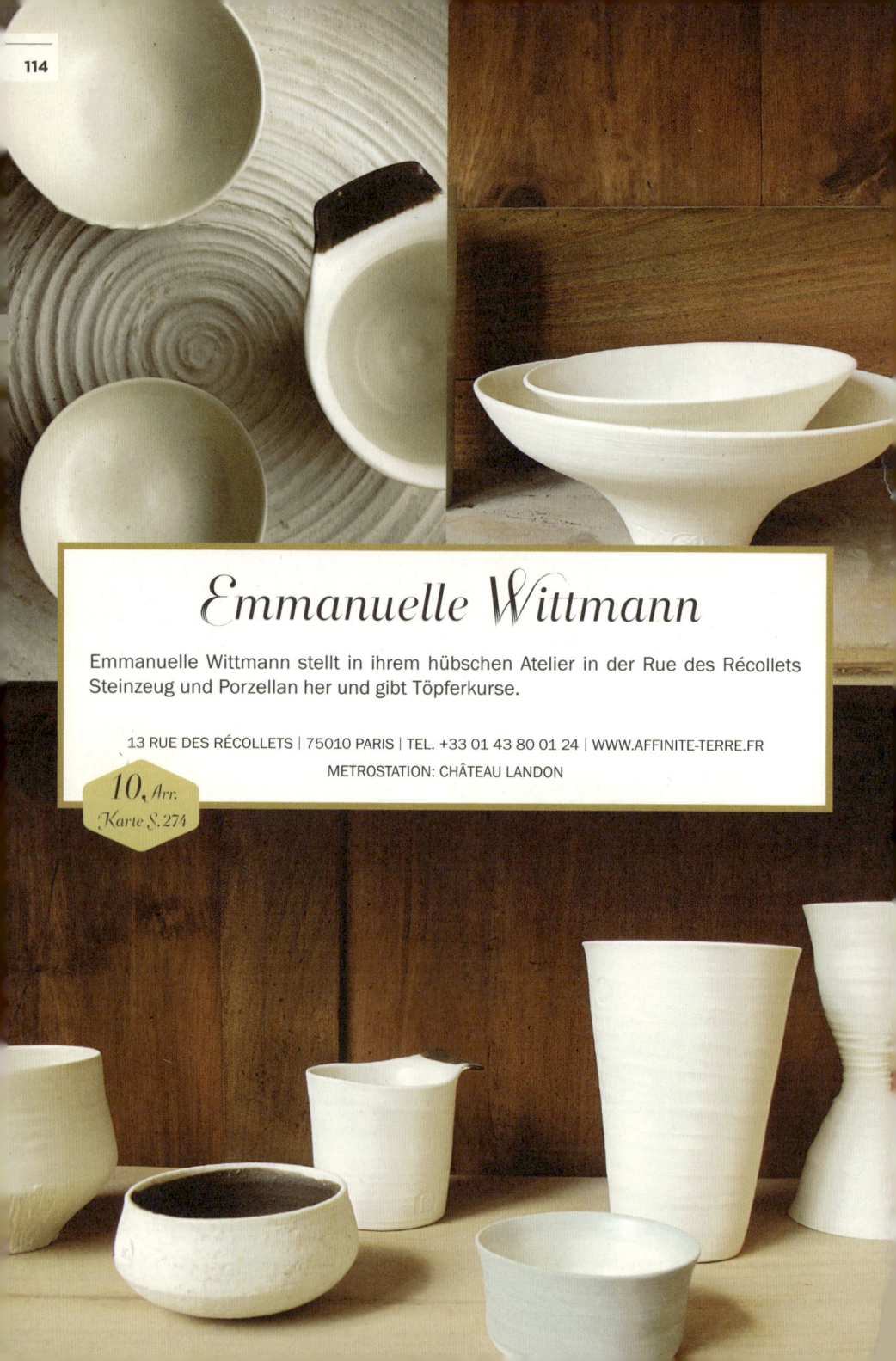

Emmanuelle Wittmann

Emmanuelle Wittmann stellt in ihrem hübschen Atelier in der Rue des Récollets Steinzeug und Porzellan her und gibt Töpferkurse.

13 RUE DES RÉCOLLETS | 75010 PARIS | TEL. +33 01 43 80 01 24 | WWW.AFFINITE-TERRE.FR
METROSTATION: CHÂTEAU LANDON

10. *Arr.*
Karte S. 274

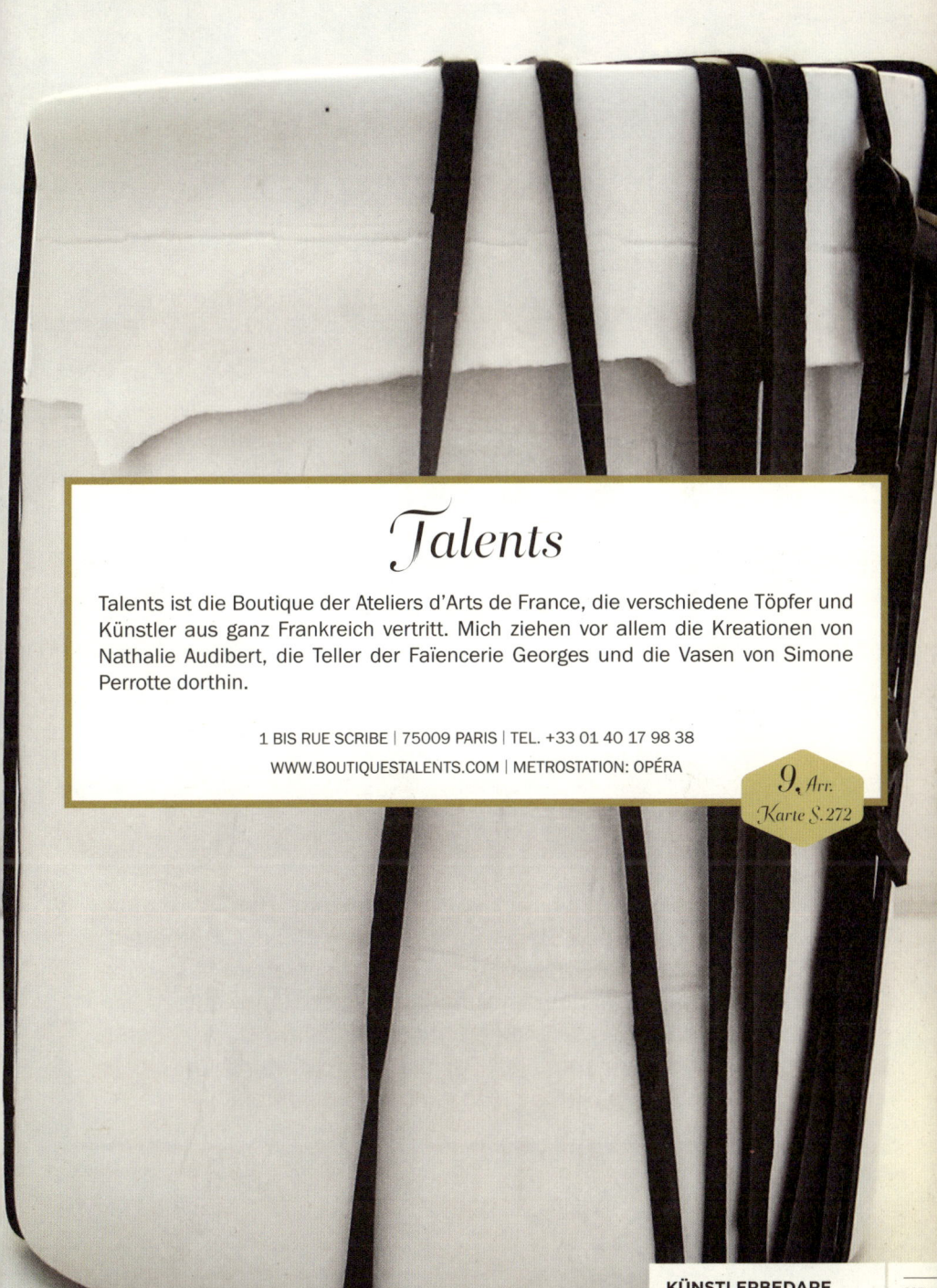

Talents

Talents ist die Boutique der Ateliers d'Arts de France, die verschiedene Töpfer und Künstler aus ganz Frankreich vertritt. Mich ziehen vor allem die Kreationen von Nathalie Audibert, die Teller der Faïencerie Georges und die Vasen von Simone Perrotte dorthin.

1 BIS RUE SCRIBE | 75009 PARIS | TEL. +33 01 40 17 98 38
WWW.BOUTIQUESTALENTS.COM | METROSTATION: OPÉRA

9. Arr.
Karte S. 272

05

WERK-
MATERIAL

In Paris findet man zahlreiche Fachgeschäfte für Werkzeug, Eisenwaren, Wandfarben, Lacke und anderen Handwerkerbedarf. Einige gibt es schon seit vielen Jahren und lohnen einen Abstecher. Sie haben sich auf bestimmte Materialien oder Handwerkszweige spezialisiert und bieten seit Generationen Dinge an, die ansonsten nur schwer zu bekommen sind. Fachkundige Beratung und hochwertige Produkte: Das bieten die folgenden Geschäfte.

Eine Heftmaschine, eine Sackkarre, eine Leiter, Holzleim, eine Kreissäge, eine Schmierpumpe, matte und glänzende Farben, Puderlacke, Rollen und Riemen, ein Kaminvorsatz aus Stein, Drahtgeflecht, Bolzen, Holzschrauben und Schleifpapier.

Paquets Fixes
liddeo et Douilles
6 MM
Ref: 57 ?
5 MM
Ref: 5

Paquets
Tiges

TUBES LAITON
DISPONIBLES

Tartaix

Schon um 8.30 Uhr bilden sich vor Tartaix lange Schlangen. Seit 1919 ist dieses Geschäft auf Messing spezialisiert; es führt über 650 verschiedene Messingartikel: Rohre, Kugeln, Platten, Ketten, Schrauben, Draht. Die Kunden sind überwiegend Fachleute für Versilbern und Vergolden. Außerdem bietet der Laden alle erforderlichen Werkzeuge zum Schneiden und Löten sowie Artikel aus Kupfer, Zinn oder Aluminium. Auf Wunsch führt die Werkstatt auch Schneidearbeiten aus.

13–15 RUE DU PONT-AUX-CHOUX | 75003 PARIS | TEL. +33 01 42 72 02 63 | WWW.TARTAIX.COM
METROSTATION: SAINT-SÉBASTIEN FROISSART

3. Arr.
Karte S.264

Weber

Weber ist *der* Spezialist für Metall- und Kunststoffwaren. Manche Kunden kommen aus Japan, nur um hier die passende Schraube für die Reparatur eines alten Schätzchens zu finden, für das ansonsten keine Teile mehr zu bekommen sind. Weber betreibt drei Filialen; der Laden in der Rue de Poitu erstreckt sich über drei Etagen. Die Kundschaft besteht überwiegend aus professionellen Tüftlern und Bastlern, aber es kommen auch Leute aus der Mode-, Design- und Event-Branche. Im Untergeschoss findet man vor allem Kupferdraht in verschiedenen Stärken und Klaviersaiten. In der ersten Etage befindet sich die Kunststoffabteilung mit allen erdenklichen Rohren und Platten, aber auch schwarzen oder vergoldeten Mosaikspiegeln. Im Erdgeschoss sind die herkömmlichen Metallwaren versammelt; darunter finden sich auch Kettenhemden und Gewebe aus Kupferdraht.
Gleich nebenan in der Rue de Poitou 11 bietet **LE PETIT FAB LAB** Hightech-Werkstätten für Gemeinschaftsprojekte und gemeinnützige Zwecke an. Jeder kann dort sein Projekt vorschlagen.

9 RUE DE POITOU/66 RUE DE TURENNE | 75003 PARIS | METROSTATION: FILLES-DU-CALVAIRE
34 RUE MAURICE GUNSBOURG | 94200 IVRY-SUR-SEINE
TEL. +33 1 46 72 34 00 | WWW.WEBER-METAUX.COM

3. Arr.
Karte S. 264

Au Progrès

In dieser wunderbaren Eisenwarenhandlung hat sich seit 1873 nichts verändert, weder die Schubladenschränke aus Eiche noch die alte Registrierkasse. Au Progrès ist auf Bronze- und Eisenwaren spezialisiert und hat eine große Auswahl an Schlössern und Schließblechen im Empire- und Louis-XIV.-Stil. Hier findet jeder, was er sucht. Wenn nicht, werden auch Bronzeteile nach Vorlage angefertigt. Falls sich die Möglichkeit bietet, die Werkstatt im Obergeschoss zu besichtigen, sollte man sich dieses faszinierende Erlebnis nicht entgehen lassen.

11 BIS RUE FAIDHERBE | 75011 PARIS | TEL. +33 01 43 71 70 61 | WWW.AUPROGRES.COM
METROSTATION: FAIDHERBE CHALIGNY

11. Arr.
Karte S. 276

30/25   35/25   25/30

TETES POINTE DIAMANT

12   15   18

TETES RONDES 4 PANS

/50

In diesem Viertel haben sich viele traditionelle Handwerksbetriebe gehalten, zum Beispiel Kunstschlosser und Möbeltischler. Es überrascht daher nicht, dass es hier viele entsprechende Fachhandlungen gibt. Nicht weit entfernt findet man auch gute Möglichkeiten, etwas zu essen oder zu trinken: Sehr schön ist das **Pure Café**, 14 Rue Jean Macé. In der Rue Paul Bert 18 bietet sich das **Bistrot Paul Bert** an oder nebenan das **L'Écailler du Bistrot**. Einen köstlichen mit Rum getränkten Hefekuchen, Baba au rhum, und eine unglaubliche bretonische Kuchenspezialität, Kouign-amann, gibt's in der **Pâtisserie de Cyril Lignac** in der Rue Paul Bert 24.

Le Comptoir du Caoutchouc

Bei einem Spaziergang durch das elfte Arrondissement entdeckte ich zufällig dieses Geschäft, das sich auf 400 Quatradmetern dem Gummi widmet: Es gibt Schubladen voller Gummifüße für Sessel oder Nähmaschinen und dicke Rollen mit farbigem umsponnenem Gummiband (rosa, gelb, apfelgrün, blau), aus dem man sich seine Spanngummis fürs Fahrrad selber basteln kann. Außerdem bekommt man Silentblocks, Gummistopfen für Reagenzgläser und viele andere Gummiteile und -platten, die von Wissenschaftlern nachgefragt werden, weil Gummi Mikrovibrationen absorbiert. Le Comptoir du Caoutchouc führt als einziger Pariser Händler thermisch formbare Gummiplatten, die Dekorateure und Kostümbildner gern verwenden.

4 RUE DU GRAND PRIEURÉ | 75011 PARIS | TEL. +33 01 47 00 65 24

METROSTATION: OBERKAMPF

11. *Arr.*
Karte S.276

Le Comptoir Alexandre

Der Spezialist für Leuchtmittel. Ein winziger Laden voller Pappschachteln mit Glüh-
birnen jeder Stärke und jeder Stilrichtung. Hier finden Sie alles von Lichttherapie-
leuchten bis hin zu Energiesparlampen für Pflanzen.

58 RUE DE PARADIS | 75010 PARIS | TEL. +33 01 48 24 67 36
WWW.COMPTOIRALEXANDRE.COM | METROSTATION: CADET

10.Arr.
Karte S. 274

À l'épi d'or

In der kleinen Straße, die zum Boulevard Saint-Germain führt, befindet sich gleich neben dem Eingang zum Bernhardinerinnenkloster der Ausstellungsraum von À l'épi d'or, einem Fachgeschäft für Sanitärartikel und Badmöbel im Stil des frühen 20. Jahrhunderts. Alle Produkte stammen von französischen Herstellern: Wasserhähne, Standspiegel, Seifenschalen, Waschbecken aus Stein oder mit Art-déco-Fuß sowie Antiquitäten wie eine alte Frisierkommode.

17 RUE DES BERNARDINS | 75005 PARIS | TEL. +33 01 46 33 17 16
WWW.SALLEDEBAIN-EPIDOR.COM | METROSTATION: MAUBERT – MUTUALITÉ

5. *Arr.*

Emery & Cie

Der belgische Laden befindet sich in der Passage de la Main d'Or im elften Arrondissement, nicht weit vom **MARCHÉ D'ALIGRE.** Ich komme vor allem wegen der hinreißenden Zementfliesen und marokkanischen Zelliges her, die es in vielen Farben gibt. Außerdem gibt's hier schöne Lacke und Keramikschalen in passenden Farben.

18 PASSAGE DE LA MAIN D'OR | 75011 PARIS | TEL. +33 01 44 87 02 02 | WWW.EMERYETCIE.COM
METROSTATION: LEDRU–ROLLIN

11, *Arr.*
Karte S. 276

The Little Shop

Der kleine Laden führt eine große Auswahl an Lacken und Wandfarben in einer breiten Farbpalette, darunter Farben mit Rosteffekt, *Beton ciré*, ein spezieller französischer Betonputz, und fluoreszierende Farben. Außerdem hat er Strukturwalzen für Rollmuster entwickelt und verhilft damit dieser alten Technik zu einem Revival.

1 RUE DE JARENTE | 75004 PARIS | TEL. +33 01 42 71 36 75 | WWW.TLSPARIS.COM
METROSTATION: SAINT-PAUL

4. *Arr.*
Karte S. 266

Mise en teinte

In seinen zwei Pariser Filialen vertreibt Mise en teinte viele hochwertige Marken für Farben und Dekorationsmaterial: unter anderem Flamant, Farrow and Ball und Tollens. In Zusammenarbeit mit Tollens entwickelte Mis en teinte die Produktreihe „Mise en teinte – Édition Tollens". Außerdem gibt's hier Fußbodenbeläge, Teppichböden, Korkböden und Tapeten von Cole & Son, Nina Campbell und Osborne and Little. Eine gute Adresse für Qualitätsprodukte.

15 BOULEVARD SAINT-GERMAIN | 75005 PARIS | TEL. +33 01 46 34 44 58

METROSTATION: MAUBERT – MUTUALITÉ

44 AVENUE VICTOR HUGO | 75016 PARIS | TEL. +33 01 45 00 03 20

METROSTATION: KLÉBER | WWW.MISEENTEINTE.COM

5. - 16. Arr.

Carrelages des suds

Hier gibt es eine große Auswahl hochwertiger Bodenbeläge und Natursteinfliesen aus dem Burgund, aus Südeuropa und speziell Italien, Marmorplatten in diversen Texturen und emaillierte Terrakottafliesen aus Spanien. Die meisten Produkte werden in Handarbeit hergestellt.

24 BOULEVARD SAINT-GERMAIN | 75005 PARIS | TEL. +33 01 40 51 01 01
METROSTATION: MAUBERT–MUTUALITÉ

5. *Arr.*

Ressource

Regelmäßig bringt Ressource neue Farbkollektionen in Zusammenarbeit mit Größen der Dekobranche heraus und zeigt damit, dass es in einer Reihe mit den
bedeutendsten Herstellern von Heimtextilien und Tapeten steht. Die Fabrikation
erfolgt in Frankreich nach den geltenden Umweltschutzbestimmungen. Das Sortiment besticht durch seine Vielfalt: lebhafte Farben inklusive der Kreationen von
Serge Bensimon, Farben der 1950er Jahre von Patrick Baty, eine Vielzahl gebro-
chener Weißtöne und schöne Effektfarben wie die Kalkfarben der Linien Chaux
brossée oder Chaux ferrée. Daneben bietet Ressource auch Patina für Möbel an.

62 RUE LA BOÉTIE | 75008 PARIS | TEL. +33 01 45 61 38 05 | METROSTATION: MIROMESNIL

2–4 AVENUE DU MAINE | 75015 PARIS | TEL. +33 01 42 22 58 80

METROSTATION: GAÎTÉ | WWW.RESSOURCE-PEINTURES.COM

8.–15.
Arr.

Mercadier

In der kleinen Passage du Chantier hat sich Mercadier niedergelassen, ein Fachgeschäft für *Béton ciré*, einen französischen zementgebundenen Feinputz, dekorativen Wandputz und Innenputz aus Lehm. Mercadier bietet außerdem Zementputz in 72 Farben, Versiegelungen in gut 30 Farben und Betonböden in 20 Farben an.

16 PASSAGE DU CHANTIER | 75012 PARIS | TEL. +33 01 49 28 97 53 | WWW.PARIS.MERCADIER.FR
METROSTATION: LEDRU–ROLLIN

12. Arr.

Pierre & Vestiges

Ein unglaublicher Ort: In der 1500 Quadratmeter großen Halle einer ehemaligen Gießerei am Rand von Paris hat sich ein Betrieb niedergelassen, der auf die Restaurierung von Steinmetzarbeiten, insbesondere von Kaminverkleidungen, spezialisiert ist. Die Halle dient gleichzeitig als Ausstellungsraum und als Werkstatt, in der Steinmetze, Marmorschleifer und Kaminbauer alten Stücken neues Leben einhauchen.

26 RUE HENRI-REGNAULT | 92150 SURESNES | TEL. +33 01 45 06 26 94

WWW.ANDREE-MACE.COM

Diese Pariser Handwerker führen spezielle Reparaturen aus:

RESTAURIERUNG ALTER BLEIGLASSPIEGEL

VINCENT GUERRE: 20 RUE CHAUCHAT | 75009 PARIS | TEL. +33 01 42 46 48 50
WWW.MIROIR-ANCIEN-VINCENT-GUERRE.COM | METROSTATION: LE PELETIER

BESPANNEN VON STÜHLEN MIT NEUEM FLECHTWERK

CANNAGE-PAILLAGE À L'ANCIENNE: 58 RUE DE CHARONNE | 75011 PARIS

TEL. +33 01 48 05 29 40 | METROSTATION: LEDRU–ROLLIN

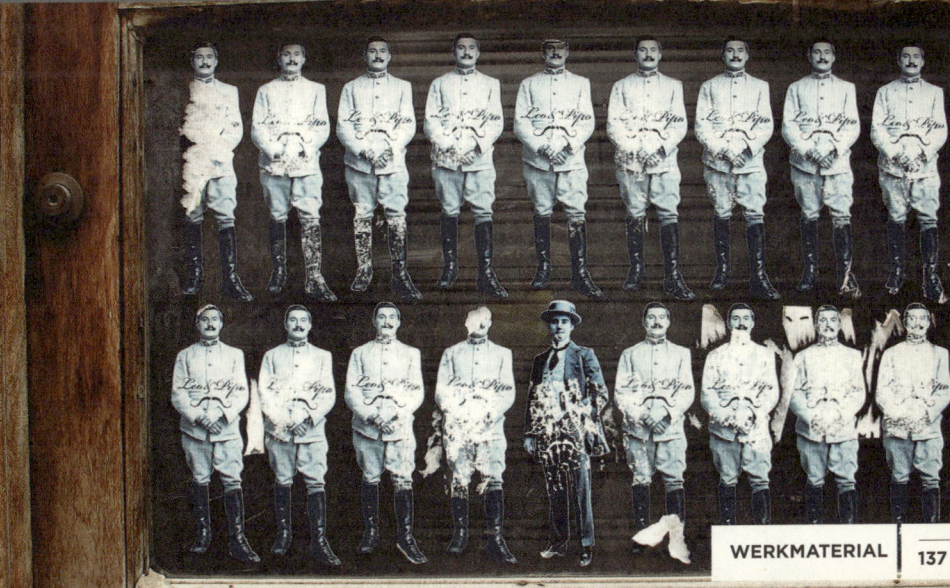

ANFERTIGEN UND AUFPOLSTERN
ALTER MATRATZEN, SESSEL UND SOFAS

ATELIER GARNERO : 46 BOULEVARD BRUNE | 75014 PARIS | TEL. +33 01 45 43 70 08
WWW.ATELIERGARNERO.FR | METROSTATION: MALAKOFF-PLATEAU DE VANVES

REPARIEREN VON KASSEROLLEN, TÖPFEN UND PFANNEN AUS KUPFER

L'ATELIER DU CUIVRE: 111 AVENUE DAUMESNIL | 75012 PARIS | TEL. +33 01 43 40 20 20
WWW.ATELIERARTSCULINAIRES.COM | METROSTATION: REUILLY-DIDEROT

06

TRÖDEL

Im Norden von Paris befindet sich der Flohmarkt von Saint-Ouen, der größte Antiquitätenmarkt der Welt. Er ist das ganze Jahr über geöffnet. Im Süden findet an jedem Wochenende, egal ob's schneit oder stürmt, ein kleinerer Flohmarkt an der Porte de Vanves statt. Darüber hinaus gibt's jede Menge Boutiquen, die Altes und Gebrauchtes anbieten, Trödelläden und überdachte Flohmärkte. Dieses Kapitel stellt die besten Läden vor: passionierte Antiquitätenhändler mit kunsthistorischem Hintergrund und Trödler mit einem Händchen für die angesagtesten Stücke. Ein Plan des Flohmarkts von Saint-Ouen hilft bei der Orientierung in dem Gewirr der 1700 Anbieter.

Eine runde Kragenschachtel aus Leder von 1912, ein Børge-Mogensen-Stuhl, ein ausrangiertes Karussellpferd, Bahnhofsuhren, ein Karton voller Holzlettern, ein Dutzend blaugrüne Flaschen, ein Feldbett mit weißem Segeltuch, ein Frauenporträt und eine Schachtel mit alten Strandfotos.

Forme à chaussure
en tilleul
20 €/p.

Galerie Et Caetera

Franck Delmarcelle ist gebürtiger Belgier. Er betreibt diese wunderbare Boutique in der Rue du Poitou und hat im Laufe der Jahre seinen ganz eigenen Stil entwickelt. Mit seiner fein abgestimmten Auswahl von Objekten und seiner besonderen Art, sie zu präsentieren, ist er mittlerweile zum Vorbild für viele andere geworden.

40 RUE DE POITOU | 75003 PARIS | TEL. +33 06 66 92 75 77 | WWW.FRANCKDELMARCELLE.COM
METROSTATION: SAINT-SÉBASTIEN FROISSART

3. Arr.
Karte S. 264

*Einige Häuser weiter zeigt die **Galerie de l'Instant**, 46 Rue de Poitou, hervorragende Fotografien. Hausnummer 33 beherbergt **The Collection** (siehe Seite 51), und in nur zwei Minuten sind Sie in der **Rose Bakery**, 30 Rue Debelleyme, Tel. +33 01 49 96 54 01.*

Zut!

In seinem kleinen Laden mit Werkstatt in der Rue Ravignan, nur einige Meter vom legendären Künstlerhaus **BATEAU LAVOIR** entfernt, verkauft Frédéric Daniel Industriemöbel und vor allem Uhren in allen Größen. Sein Steckenpferd sind Bahnhofsuhren. Manchmal trifft man ihn im Blaumann an, vertieft in die Arbeit an einem besonders schönen Stück. Sämtliche Uhren funktionieren und haben noch ihr Originaluhrwerk. Ein idealer Ort für Fotografen wie Tim Walker.

9 RUE RAVIGNAN | 75018 PARIS | TEL. +33 01 42 59 69 68
WWW.ANTIQUITES-INDUSTRIELLES.COM | METROSTATION: ABBESSES

18. *Arr.*
Karte S. 278

No Factory

Industriemöbel, Tische, Stühle, Hocker drängen sich in dieser Boutique in der Nähe des Canal Saint-Martin, die Nikolaj seit 2008 betreibt. Schon der Name No Factory lässt erkennen, dass es hier um Unikate geht. Manchmal findet man zwar auch größere Posten, etwa von Stühlen, aber Massenprodukte sucht man hier vergebens. Nikolaj verkauft und restauriert (auch auf Bestellung) alte Gegenstände und baut Tische in altem Stil, aber in einer an die heutigen Lebensverhältnisse angepassten Größe. Seine Kunden sind überwiegend Hotels, Restaurants und Cafés sowie Filmrequisiteure, die sich bei ihm Gegenstände ausleihen.

2 RUE DE L'HÔPITAL SAINT-LOUIS | 75010 PARIS | TEL. +33 06 09 64 75 99 | WWW.NOFACTORY.FR

METROSTATION: COLONEL FABIEN

10. Arr.
Karte S. 274

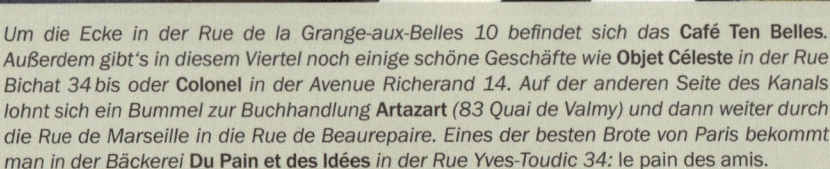

*Um die Ecke in der Rue de la Grange-aux-Belles 10 befindet sich das **Café Ten Belles**. Außerdem gibt's in diesem Viertel noch einige schöne Geschäfte wie **Objet Céleste** in der Rue Bichat 34 bis oder **Colonel** in der Avenue Richerand 14. Auf der anderen Seite des Kanals lohnt sich ein Bummel zur Buchhandlung **Artazart** (83 Quai de Valmy) und dann weiter durch die Rue de Marseille in die Rue de Beaurepaire. Eines der besten Brote von Paris bekommt man in der Bäckerei **Du Pain et des Idées** in der Rue Yves-Toudic 34: le pain des amis.*

Tombées du camion

Nur wenige Schritte von der lebhaften Rue des Abbesses entfernt versteckt sich nicht weit vom Montmartre in der Rue Joseph de Maistre die kleine Boutique Tombées du camion, die einen Abstecher lohnt. Die Idee des Besitzers Charles Maas ist es, alten Dingen ihren Nimbus zu nehmen. Er verkauft ungebrauchte Gegenstände aus Firmenauflösungen und Restbeständen von 1900 bis 1980, die bei uns Erinnerungen wecken: Holzlineale, Spielzeugautos, Puppenaugen, Plastikpistolen, Halsketten. Die Preise sind moderat, da er von allen Objekten große Posten aufkauft. Bezeichnend für sein Konzept sind Charles' grafische Wandinstallationen: Der Gegenstand und seine Funktion treten zurück, und aus der Form und ihrer Wiederholung entsteht etwas Neues. Man braucht sich nur die Decke des **KILI-WATCH**-Ladens anzusehen, die Charles gestaltet hat, um seinen Stil zu erkennen. Er hat sich zu einem echten Markenzeichen entwickelt.

17 RUE JOSEPH DE MAISTRE | 75018 PARIS | TEL. +33 09 81 21 62 80
WWW.TOMBEESDUCAMION.COM | METROSTATION: ABBESSES

18 Arr.
Karte S. 278

Kidimo

Nicolas Flachot ist bekannt für seine bunten Lettern und seine Wortspiele, die seit einiger Zeit in vielen Pariser Wohnungen und im Conzept Store **MERCI** zu finden sind. Sein Atelier im Viertel Sentier, nicht weit vom Boulevard Sébastopol, ist ein Traum: ein lichtdurchflutetes Loft mit großen Fenstern in einem ruhigen Hinterhof. Nicolas hat sich auf alte Lettern von Firmenschildern und seit Kurzem auch auf Firmenlogos spezialisiert. Er verhilft ihnen zu einem zweiten Leben, wenn sie ausrangiert werden, weil eine Firma den Eigentümer wechselt oder ihren Betrieb einstellt. In seinem Atelier türmen sich die Lettern, sortiert nach Größe, Typ und Stil. Kidimo verkauft sie online oder nach Terminvereinbarung im Atelier.

227 RUE SAINT-DENIS | 75002 PARIS | WWW.KIDIMO.COM
METROSTATION: RÉAUMUR–SÉBASTOPOL

2. *Arr.*
Karte S. 262

In diesem Viertel verstecken sich zahlreiche Passagen. Eine besonders schöne ist die Passage de l'Ancre, die von der Rue Saint-Martin 223 zur Rue de Turbigo 30 führt. Hier ist die Boutique **Pep's** zu finden, die Regenschirme, Sonnenschirme und Spazierstöcke verkauft und repariert: Tel. +33 01 42 78 11 67 | www.peps-paris.com | Metrostation: Réaumur–Sébastopol.

Jérôme Lepert

Jérôme Lepert ist berühmt für seine Auswahl an Industriemöbeln. Er bietet Tische, Schränke, vor allem aber Lampen an. Sein Markenzeichen sind Hängeleuchten. Außerdem hat er Hocker und Stuhl der Serie „Nicolle" neu herausgebracht, die in den 1930er Jahren nach den neuen Sicherheitsbestimmungen und ergonomischen Erkenntnissen jener Zeit entworfen wurden.

106 RUE VIEILLE DU TEMPLE | 75003 PARIS | TEL. +33 06 10 18 18 88
METROSTATION: SAINT-SÉBASTIEN FROISSART

3. Arr.
Karte S. 264

L'œil du Pélican

An der Ecke zur Rue du Pélican im ersten Arrondissement hat dieser ruhige, entspannte Laden aufgemacht. Auf zwei Etagen wird hier eine herrliche Auswahl alter Dinge präsentiert. Angesichts der Fülle der Objekte fühlt man sich an einen Flohmarkt erinnert, wo man beim Herumbummeln und Stöbern plötzlich auf ein Kleinod stoßen kann. Es gibt Ausgefallenes wie alte Herbarien oder Tablettenpackungen von 1927 mit handgeschriebenen Begleitschreiben. Außerdem Pastillendosen, Nähzeug oder ein schönes Gewürzschränkchen.
Ein ganz ähnliches Flair hat die Boutique **FANETTE** in der Rue d'Alençon im 15. Arrondissement mit einem Sortiment sehr eleganter Antiquitäten. Dort findet man Milchflaschen aus weißem Glas, blauen elsässischen Kelsch (ein Leinengewebe) und feine alte Korbwaren. Eine Top-Adresse!

13 RUE JEAN-JACQUES ROUSSEAU | 75001 PARIS | TEL. +33 01 40 13 70 00
WWW.LOEILDUPELICAN.FR | METROSTATION: LOUVRE–RIVOLI

1. Arr.
Karte S. 260

In derselben Straße liegt das Feinkostgeschäft **Claus**, *das auf Frühstück spezialisiert ist: 14 Rue Jean-Jacques Rousseau | 75001 Paris | www.clausparis.com. Schräg gegenüber liegt neben dem Laden von* **Christian Louboutin** *der Eingang in die überdachte Passage Vero-Dodat.*

Anna Colore

Anna ist Italienerin. In ihrem Laden in der Rue Paul Bert im elften Arrondissement verkauft sie Metallobjekte, Lettern, Stühle, Spielzeug, Kindermöbel, Hocker und Lampen, darunter auch Klemmspots für Fotografien. Außerdem kann man hier wunderbare Lampen der Marke „Lalampawill" finden.

7 RUE PAUL BERT | 75011 PARIS | TEL. +33 01 43 79 41 62 | WWW.ANNA-COLORE-INDUSTRIALE.COM

METROSTATION: FAIDHERBE–CHALIGNY

11. Arr.
Karte S. 276

Au Petit Bonheur la Chance

Schulhefte, Federkästen, alte Mehlsäcke, Schokoladenformen, Frühstücksschalen aus Steingut, blau und rot gestreifte oder geblümte Geschirrtücher, alte Schulland-karten, bestickte Servietten, altes Spielzeug: Bei Au Petit Bonheur la Chance begegnen Sie Dingen aus längst vergangenen Kindertagen. Die winzige Boutique bietet eine große Auswahl und viele ausgefallene Souvenirs.

13 RUE SAINT-PAUL | 75004 PARIS | TEL. +33 01 42 74 36 38
METROSTATION: PONT-MARIE

4. Arr.
Karte S. 266

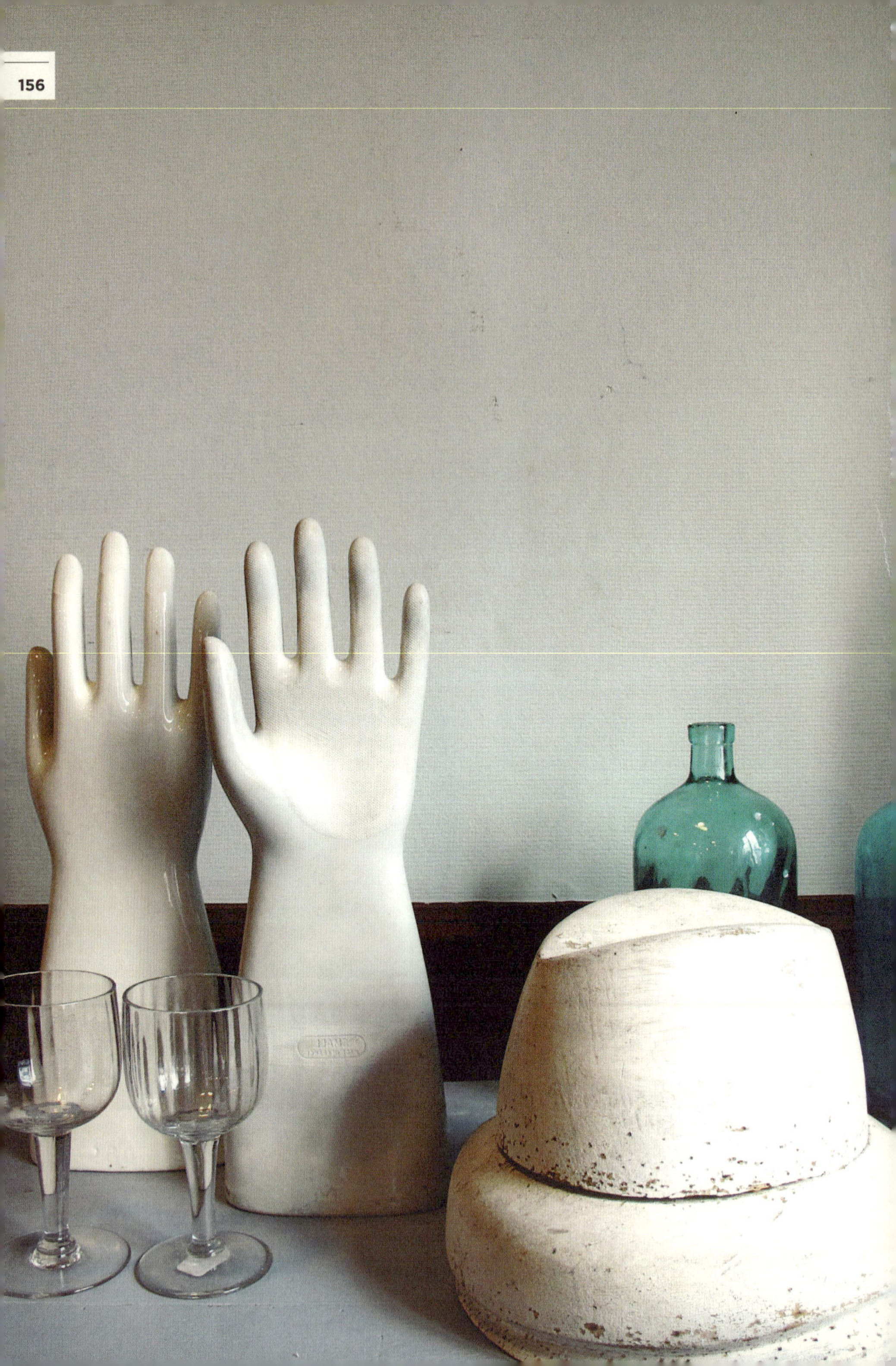

Broc Martel

Laurence Peyrelade schwärmt für das quirlige, multikulturelle zehnte Arrondissement, in dem ihr Laden liegt. Als sie ihn übernahm, waren die Metalljalousien seit 1941 nicht mehr geöffnet worden. Ein Elektriker hatte die Räume als Lager genutzt, bis er sich zur Ruhe setzte. Mittlerweile sind die Räume entstaubt und frisch renoviert und beherbergen Möbel aus der Zeit von 1930 bis 1960. Ein besonderes Faible hat die Besitzerin für Stühle und Jahrmarktkunst. Man muss allerdings regelmäßig kommen, um so unglaubliche Stücke zu ergattern wie ein ausrangiertes Karussellpferd, eine 2,50 Meter große Schwalbe oder auch eine 4,50 Meter hohe gemalte Reklameleinwand eines Schaustellers, der von 1820 bis 1840 in den USA siamesische Zwillingsschwestern präsentierte. Laurences Leidenschaft für Originalstühle von Flambo, Nicolle, Tolix oder Biénaise ist so groß, dass sie ihnen am anderen Ende der Straße die Boutique **CHAIRS** gewidmet hat. Allerdings ist diese nur nach Vereinbarung geöffnet.

12 RUE MARTEL | 75010 PARIS | TEL. +33 01 48 24 53 43 | WWW.BROCMARTEL.COM

METROSTATION: CHÂTEAU D'EAU

10. Arr.
Karte S. 274

Phonogalerie

In der Phonogalerie treten Sie ein ins musikalische Universum zur Zeit der Fonografen und Grammfone: Walzen, Werbeplakate, Schallplatten von Harry Fragson, Schachteln mit Plattenspielernadeln, Grammofone mit beeindruckenden Schalltrichtern und Kofferplattenspieler mit umwerfendem Klang. Jalal Gerald Aro kauft und verkauft alles, was mit seiner Passion zu tun hat, und repariert defekte Geräte.

10 RUE LALLIER | 75009 PARIS | TEL. +33 01 45 26 45 80 | WWW.PHONOGALERIE.COM

METROSTATION: ANVERS

9. *Arr.*
Karte S. 272

Zwei Gehminuten entfernt in der Rue des Martyrs lockt das **Café Marlette** *mit seinen Köstlichkeiten, unter denen auch glutenfreie Produkte zu finden sind: www.marlette.fr.*

Antiquités Arthur Bruet

Arthur betreibt seinen Antiquitätenhandel in einem Hinterhof. Wenn die Tür verschlossen ist, muss man ein anderes Mal wiederkommen oder einen Termin vereinbaren. Aber Hartnäckigkeit wird belohnt. Arthur verkauft vornehmlich an Dekorateure und andere Händler. Aber wer sein Glück bei ihm versucht, kann immer wieder Überraschendes entdecken, zumal häufig neue Ware eintrifft.

30 RUE SAINT-LAZARE | 75009 PARIS | TEL. +33 06 13 23 74 17
METROSTATION: NOTRE-DAME-DE-LORETTE

9. Arr.
Karte S. 272

Marion Held Javal

Ganz in der Nähe des Odéon-Theaters präsentiert Marion Held Javal auf zwei Etagen ein erstaunliches Sammelsurium von Raritäten und Kuriositäten wie Tiere aus Pappmaschee oder einen ausgestopften Bären. Im Hinterzimmer finden sich einige sehr schöne Stücke der Tischkultur. Nicht zuletzt vertreibt der Laden die hervorragenden Möbel des Architekten und Designers Marc Held.

21 RUE DE L'ODÉON | 75006 PARIS | TEL. +33 01 43 29 96 91

METROSTATION: ODÉON

6. Arr.
Karte S. 268

Geht man die Rue de l'Odéon weiter in Richtung Boulevard Saint-Germain, findet man das Restaurant **Le Comptoir**. *Da man keine Tische reservieren kann, heißt es warten. Gleich nebenan kann man sich im* **L'Avant-Comptoir** *bei einem Aperitif die Wartezeit verkürzen.*

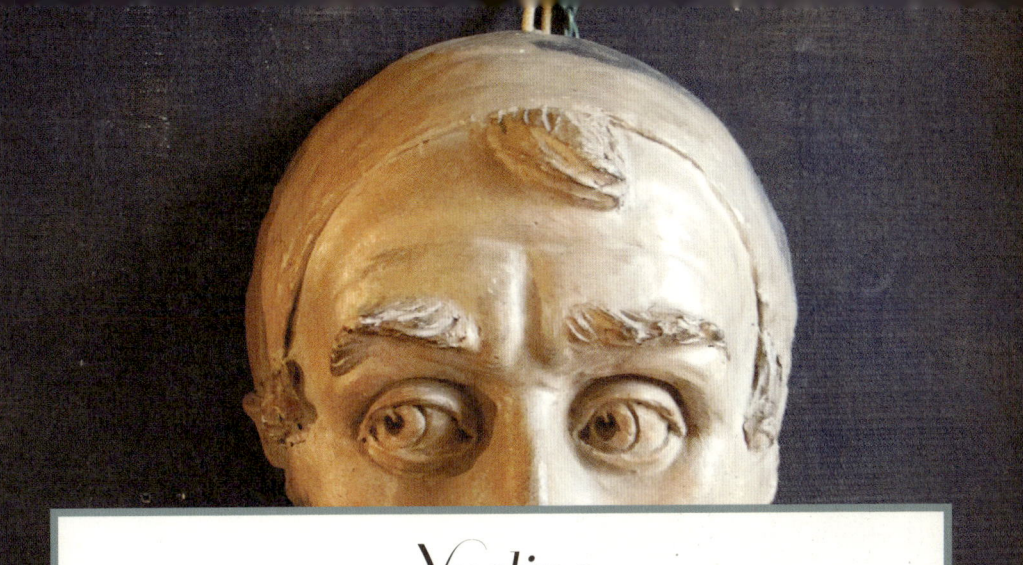

Yveline

Die schöne Place de Furstemberg im Viertel Saint-Germain-des-Prés hat gleich mehrere Highlights zu bieten: das **Musée Eugène Delacroix,** das große Möbelhaus **FLAMANT,** das Restaurant **LA MAISON CHOU,** die Tapetenhandlung **OSBORNE & LITTLE** und seit 1954 das Kuriositätenkabinett von Yveline. Dort schaue ich immer wieder gern hinein: Häufig hat sie lebensgroße Holzpuppen, die einst Malern als Modell dienten, alte Pilotenbrillen und ein Sammelsurium von Objekten, Gemälden und Möbeln, die ansonsten nur schwer zu finden sind.

4 RUE DE FURSTEMBERG | 75006 PARIS | TEL. +33 01 43 26 56 91 | WWW.YVELINE-ANTIQUITES.COM
METROSTATION: SAINT-GERMAIN-DES-PRÉS

6. Arr.
Karte S. 268

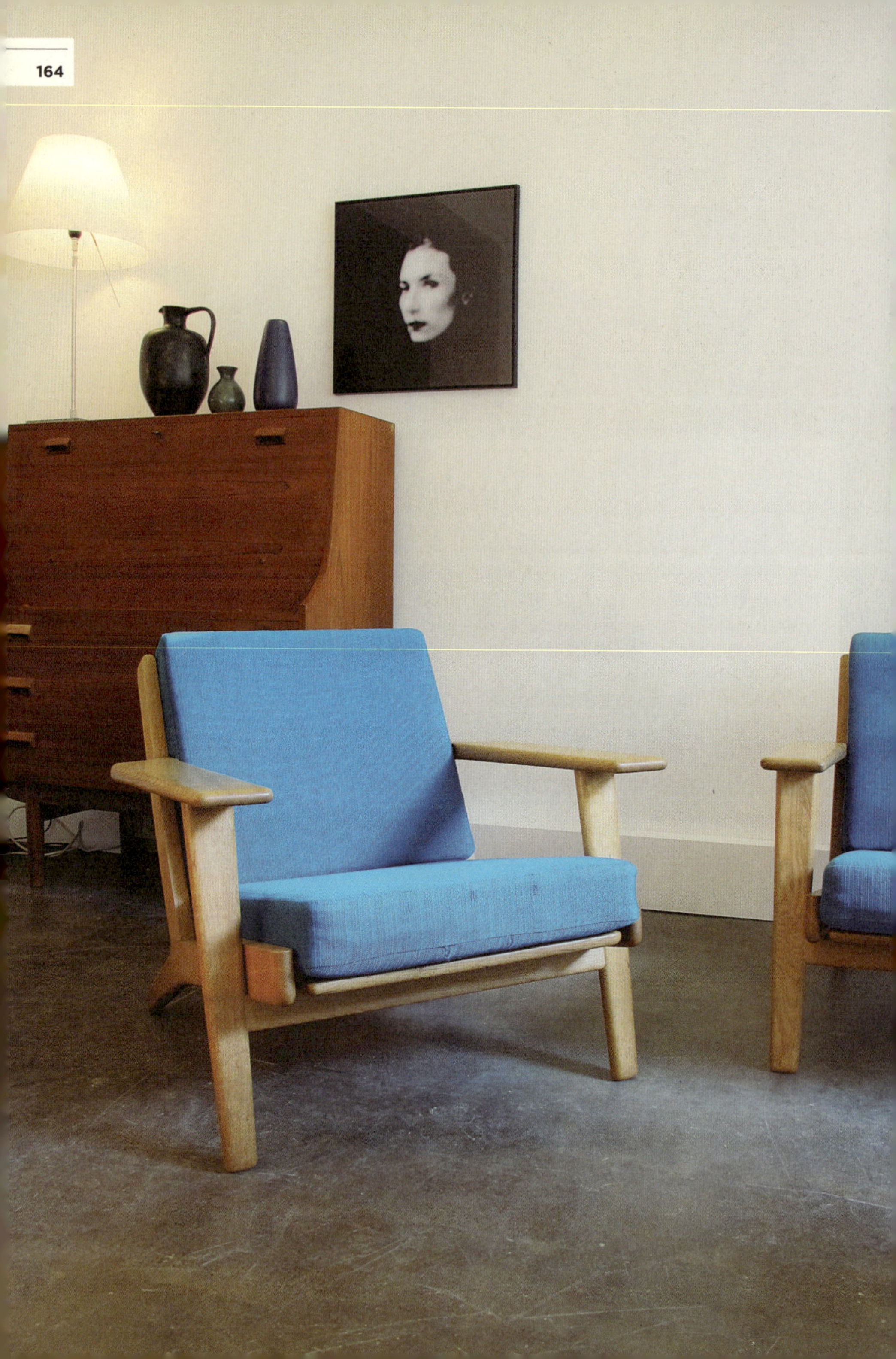

Dank

Das Geschäft in der Nähe der Avenue Trudaine verkauft skandinavische Möbel der Nachkriegszeit, handsignierte Originalstücke der Designer Hans Wegner, Grete Jalk und Illmari Tiapovaraa sowie Lampen und schöne Keramiken. François-Xavier Dousset erneuert sein Sortiment ein- bis zweimal im Monat.

8 RUE BOCHART DE SARON | 75009 PARIS | TEL. +33 06 74 58 11 91
WWW.DANK.FR | MÉTRO ANVERS

9. *Arr.*
Karte S.272

Im Nachbarhaus befindet sich das Büro des Kunstmagazins **The Drawer.** *Wer zufällig abends in dieser Gegend ist, sollte die fabelhaften Cocktails in der* **Bar Artisan** *probieren.*

Librairie Art de la Publicité

Das Antiquariat am Rand des fünften Arrondissements in der Rue Dolomieu ist eine Fundgrube, in die sich einzutauchen lohnt. Sie ist auf Werbung spezialisiert. Man findet unter anderem Originalwerbebroschüren, die von Werbeagenturen der 1930er und 40er Jahre gestaltet wurden. Alles fing damit an, dass Courtet, der ein großer Fan von Colette ist, eine kleine Werbebroschüre der berühmten Schriftstellerin entdeckte. Darin pries sie die Vorzüge ihres neuen Kosmetiksalons in der Rue de Miromesnil, wo sie ihre Kundinnen persönlich bediente. Dieses Heftchen hat Courtet bis heute aufbewahrt und seitdem immer mehr gesammelt.

3 RUE DOLOMIEU | 75005 PARIS | TEL. +33 09 51 79 61 95

METROSTATION: PLACE MONGE

5. *Arr.*

La Galcante

Nur durch Zufall stieß ich auf dieses unglaubliche Antiquariat, das sich in einem Hinterhof versteckt. Es hat sich auf alte französische und internationale Presseerzeugnisse spezialisiert. Die Regale stehen voller Zeitschriften, Zeitungen und Broschüren, sorgfältig sortiert nach Themen und Jahrgang – und das alles ohne elektronische Datenverarbeitung. Man findet hier unter anderem alte Ausgaben der „Vogue" mit illustrierten Titelseiten und der 1955 gegründeten Kunstzeitschrift „L'Œil", an der namhafte Persönlichkeiten der Kunstwelt wie der Innenarchitekt und Designer Andrée Putman oder der Fotograf Robert Doisneau mitwirkten – eine wahre Goldgrube.

52 RUE DE L'ARBRE SEC | 75001 PARIS | TEL. +33 01 44 77 87 44 | WWW.LAGALCANTE.COM
METROSTATION: TUILERIES

1. Arr.
Karte S. 260

Gleich gegenüber in Hausnummer 41 ist die Bar **Le Garde Robe**: ideal für einen Apéritif, falls man gegen Abend in dieser Gegend ist.

METOPOSCO...

Librairie Alain Brieux

Naturwissenschaftliche und medizinische Bücher stehen hier im Mittelpunkt. Man findet Werke über okkulte Wissenschaften wie Alchimie genauso wie technische Handbücher über Rechenmaschinen und Dampfmaschinen, Bücher über Botanik, Kristallografie sowie Werbeplakate und eine Fülle erstaunlicher Gegenstände. In einer Vitrine sind das berühmte Werk „Metoposcopia" des Renaissance-Gelehrten Hieronymus Cardanus und anatomische Lehrtafeln ausgestellt.

48 RUE JACOB | 75006 PARIS | TEL. +33 01 42 60 21 98 | WWW.ALAINBRIEUX.COM
METROSTATION: MABILLON

6, *Arr.*
Karte S.268

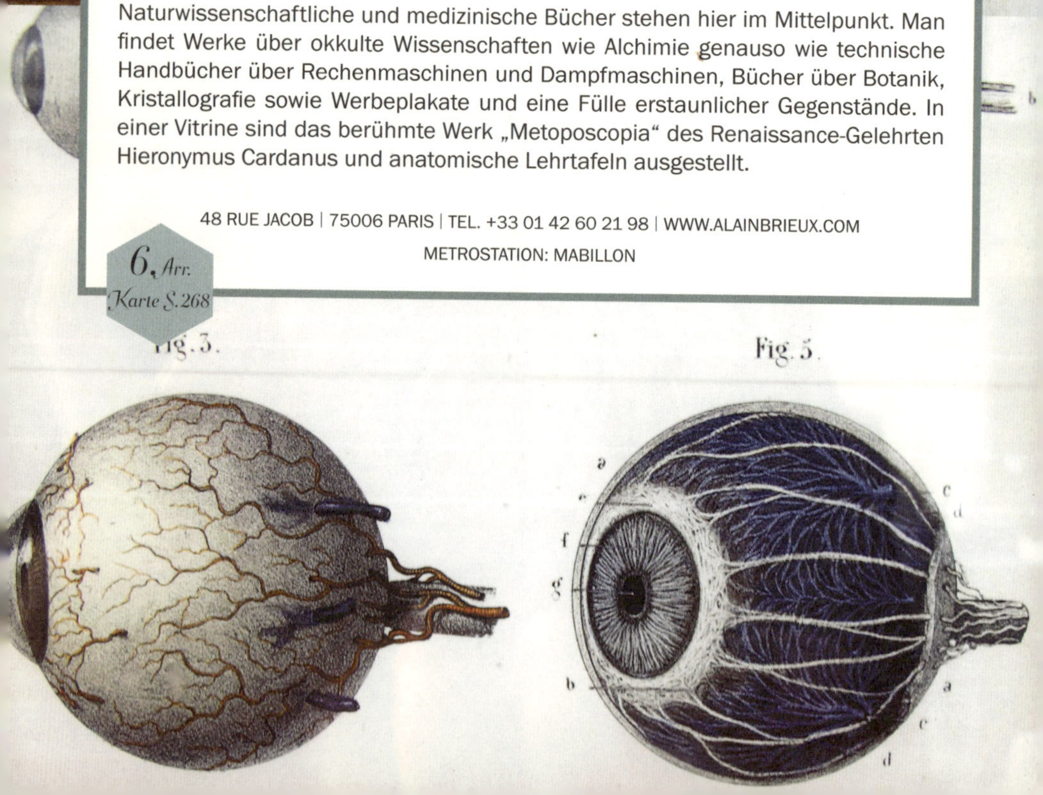

Fig. 3.

Fig. 5.

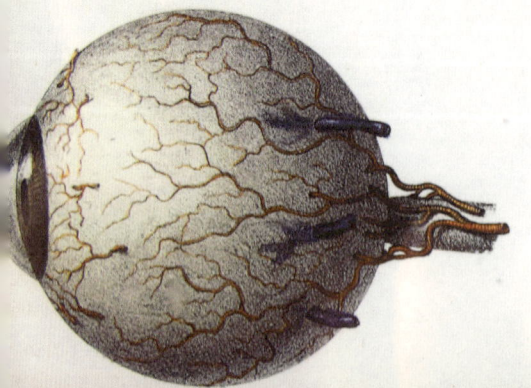

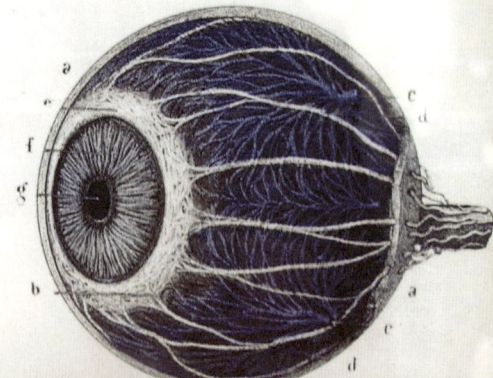

Librairie Elbé

Das Antiquariat Elbé ist auf Reise und Lifestyle spezialisiert und verkauft Original-
werbeplakate und Lithografien. Die Plakatkunst entwickelte sich in Frankreich etwa
ab 1880 und erlebte mit der damals aufkommenden Begeisterung für Exotisches
und Reisen einen enormen Aufschwung. Eine Flugreise von Paris nach Saigon mit
zahlreichen Zwischenlandungen dauerte 1930 ganze elf Tage, der Orientexpress
brauchte zwölf Tage von London nach Assuan. Von dieser Lust am Fremden ließen
sich die Fluggesellschaften inspirieren, und im Ausland warben ähnliche Plakate
für Frankreich. Zu den berühmtesten Plakatkünstlern gehörten Toulouse-Lautrec,
Villemont und Eugène Ogé. Das Antiquariat verkauft die Plakate auf Leinwand auf-
gezogen, kauft Plakate an und sucht bestimmte Sujets im Kundenauftrag.

213 BOULEVARD SAINT-GERMAIN | 75007 PARIS | TEL. +33 01 45 48 77 97 | WWW.ELBE-PARIS.FR
METROSTATION: RUE DU BAC

7. Arr.
Karte S. 270

Der Flohmarkt von Saint-Ouen

Gegen Ende des 19. Jahrhunderts sind die ersten Vorläufer des berühmten Flohmarkts belegt. In der Ebene von Malassis vor den Toren von Paris, wo man keine Steuern zahlen musste, hatte sich fahrendes Volk niedergelassen. Später zogen auch die Pariser Lumpensammler, Schrotthändler und Trödler in diese Gegend. Sie waren um ihren Broterwerb gebracht worden, als der Pariser Präfekt Eugène Poubelle anordnete, dass jeder Pariser Haushalt eine Mülltonne haben musste. So erhielt das Malassin-Gebiet immer mehr Zulauf und wurde zu einem belebten Markt, wo man gebrauchte Waren und Kleider mitsamt Flöhen verkaufte und kaufte.

Nach und nach entstanden Hütten, und aus Trödlern wurden Antiquitätenhändler. Neuankömmlinge verdrängten Alteingesessene, was nicht ohne Reibereien ablief. Die Atmosphäre des Flohmarkts hat sich zweifellos verändert, aber nach wie vor ist er voller unglaublicher Geschichten, Menschen und Chancen auf schöne Funde.

Der Flohmarkt von Saint-Ouen

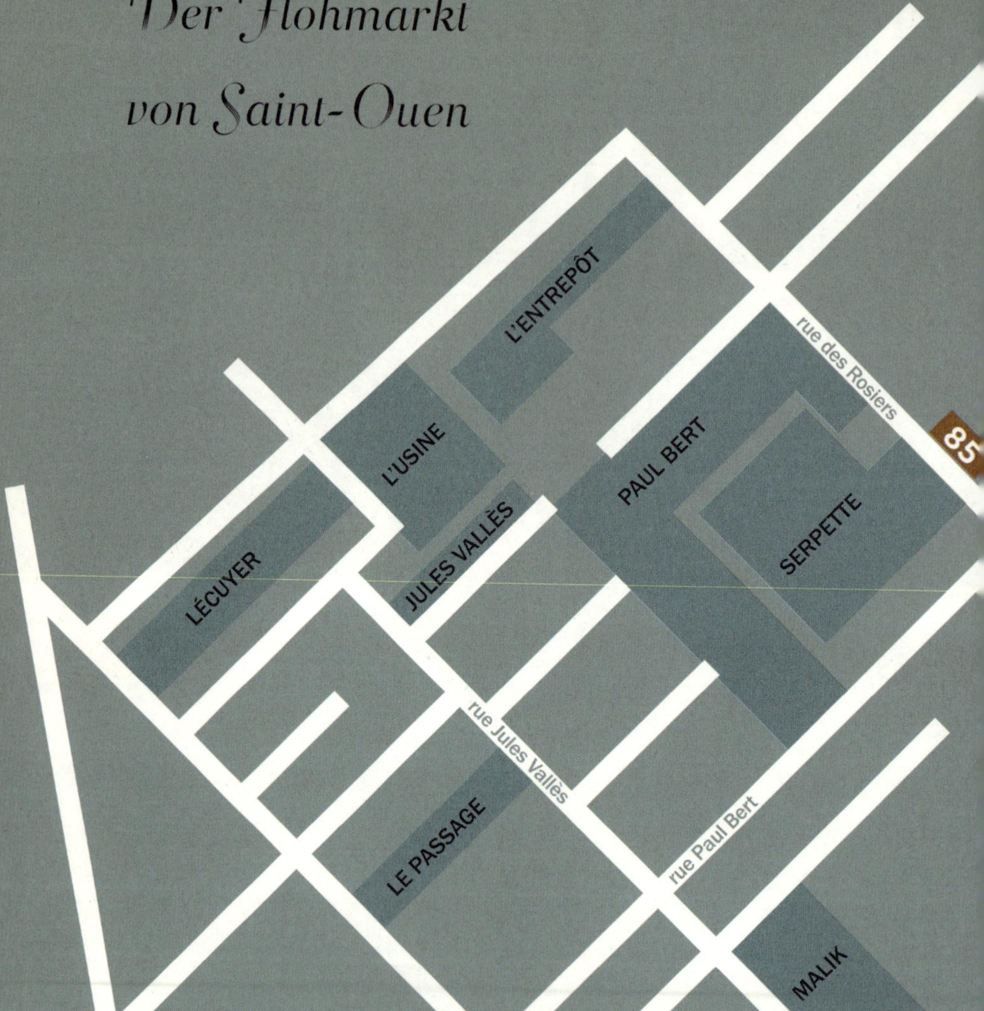

L'ENTREPÔT

rue des Rosiers

85

L'USINE

PAUL BERT

LÉCUYER

JULES VALLÈS

SERPETTE

rue Jules Vallès

LE PASSAGE

rue Paul Bert

MALIK

rue Jean Henri Fabre

 METROSTATION: PORTE DE CLIGNANCOURT

85 BUSLINIE 85 MAIRIE DE SAINT-OUEN – LUXEMBOURG

ANTICA: Möbel und Objekte des 18. und 19. Jahrhunderts.

BIRON: Europäische und asiatische Möbel, Schmuck, Grafik vom 18. Jh. bis heute.

CAMBO: Möbel, Gemälde und Objekte des 18. und 19. Jahrhunderts, alte Waffen, Möbelraritäten, skandinavische Möbel.

DAUPHINE: Klassische Antiquitäten, Vintage-Möbel und -Mode, Industriedesign, Bücher, Musik, Textilien, Uhren, Schmuck und Kunstgewerbe.

L'ENTREPÔT: Großformatige Waren (Treppen, Kamine, Bibliotheken ...).

JULES VALLÈS: Alte Möbel und Gegenstände, Art-Nouveau- und Designerstücke, Bronzen, Uhren, Bücher, Plakate, Platten, Militaria.

LÉCUYER und L'USINE: Nur für Fachhändler.

MALASSIS: Kunst von der Antike bis heute, asiatische und orientalische Kunst, Art déco, Design, Bronzen, Erotika, Bücher, Spielzeug, Mode, Fotos, Skulpturen, europäische Glaswaren.

MALIK: Neue Kleidung und Designermode.

LE PASSAGE: Bücher, Postkarten, Kleidung, Stilmöbel für den Garten.

PAUL BERT: Möbel, Kunst und Dekorationsgegenstände vom 17. Jahrhundert bis Vintage.

SERPETTE: Hochwertige Objekte von der Antike bis zu den 1970er Jahren.

VERNAISON: Antiquitäten, Trödel, Porzellan, Besteck, Möbel vom 18. bis 20. Jahrhundert, ausgefallene Objekte.

ÖFFNUNGSZEITEN
SAMSTAG 10–17.30 UHR
SONNTAG 10–17.30 UHR
MONTAG 11–17 UHR

Ludovic Messager

Auf zwei Etagen gibt es hier elektronische Musik und ein unglaubliches Sammel-surium von verblüffenden Dingen aller Art.

QUINTESSENCE PLAYGROUND | MARCHÉ PAUL BERT | 3 RUE PAUL BERT | TEL. +33 06 18 99 18 25

Floh-
markt von
St.-Ouen

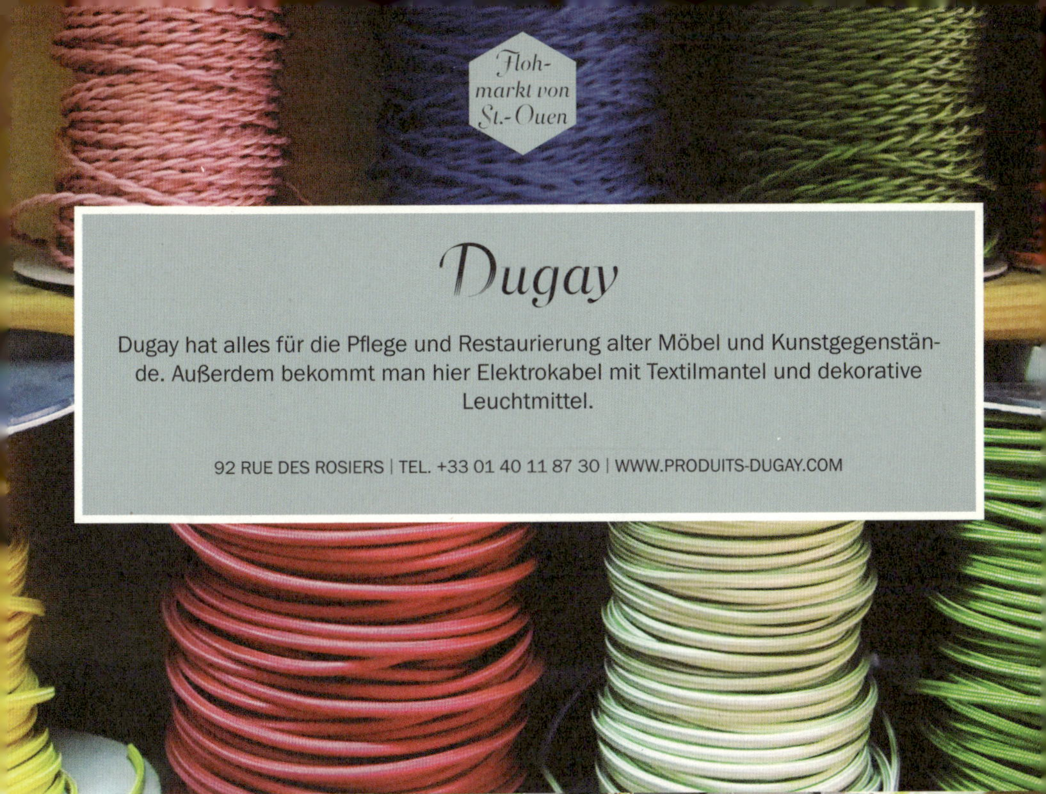

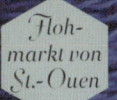

Dugay

Dugay hat alles für die Pflege und Restaurierung alter Möbel und Kunstgegenstände. Außerdem bekommt man hier Elektrokabel mit Textilmantel und dekorative Leuchtmittel.

92 RUE DES ROSIERS | TEL. +33 01 40 11 87 30 | WWW.PRODUITS-DUGAY.COM

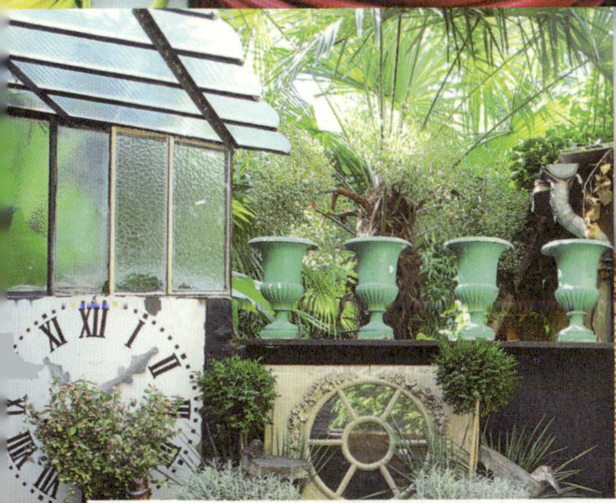

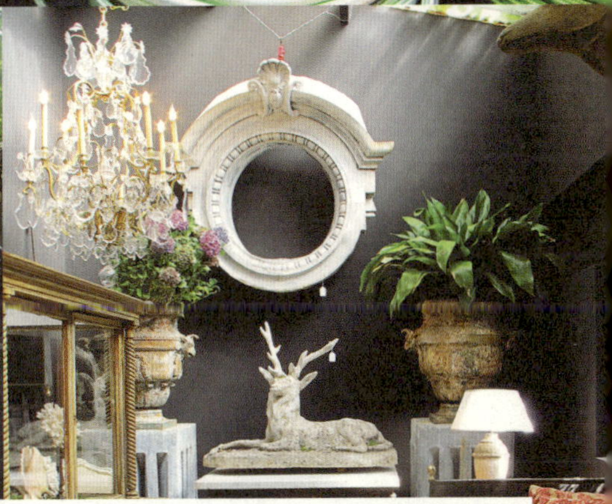

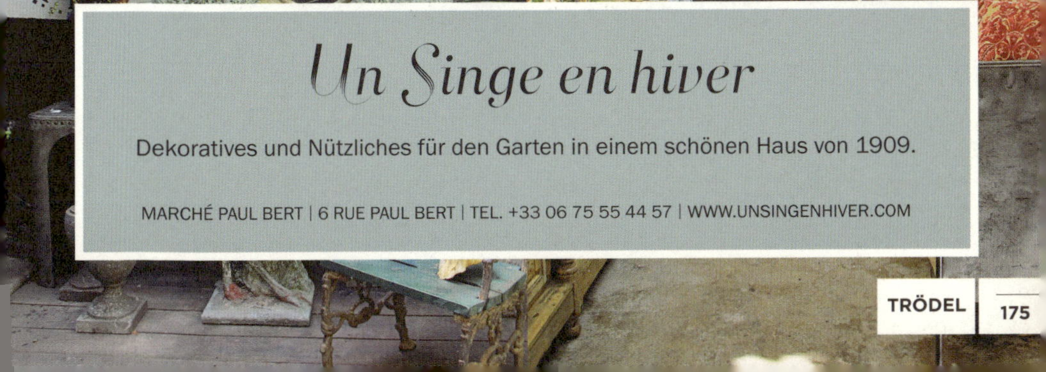

Un Singe en hiver

Dekoratives und Nützliches für den Garten in einem schönen Haus von 1909.

MARCHÉ PAUL BERT | 6 RUE PAUL BERT | TEL. +33 06 75 55 44 57 | WWW.UNSINGENHIVER.COM

Floh-
markt von
St.-Ouen

La Petite Maison

Ein ansprechendes Haus mit sehr schönen Möbeln und hervorragenden Aktstudien.

MARCHÉ PAUL BERT | 10 RUE PAUL BERT | TEL. +33 01 40 10 56 69

Colonial Concept

Die umwerfende Gestaltung der Boutique lädt zu Entdeckungen ein.

MARCHÉ PAUL BERT | 8 RUE PAUL BERT | TEL. +33 01 40 10 00 71 | WWW.FRANCOISDANECK.COM

Floh-
markt von
St.-Ouen

UNTITLED

CLOTHES

Untitled

Die Boutique Untitled konzentriert sich auf Secondhandstoffe und -kleidung, darunter echte Denims, und bietet einen Einblick in die Welt der Arbeitskleidung und
die Seele, die Kleidung durch ihre Träger erhält.

MARCHÉ PAUL BERT | 96 RUE DES ROSIERS | ALLÉE 1 STAND 122

WWW.UNTITLED-CLOTHES.FR

Floh-markt von St.-Ouen

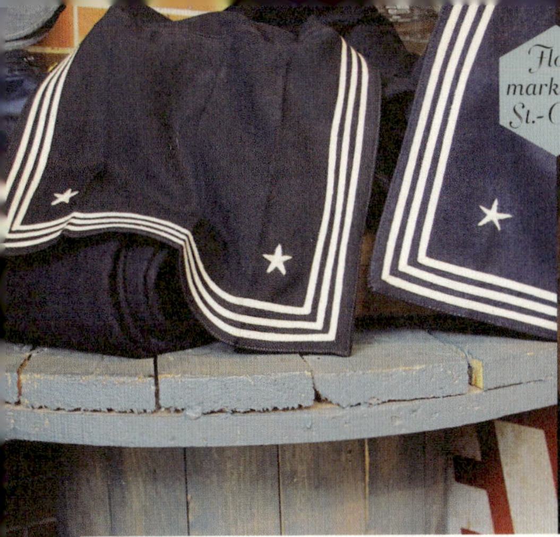

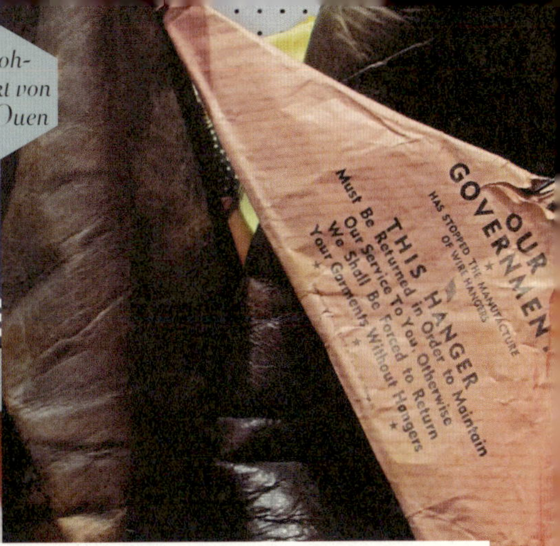

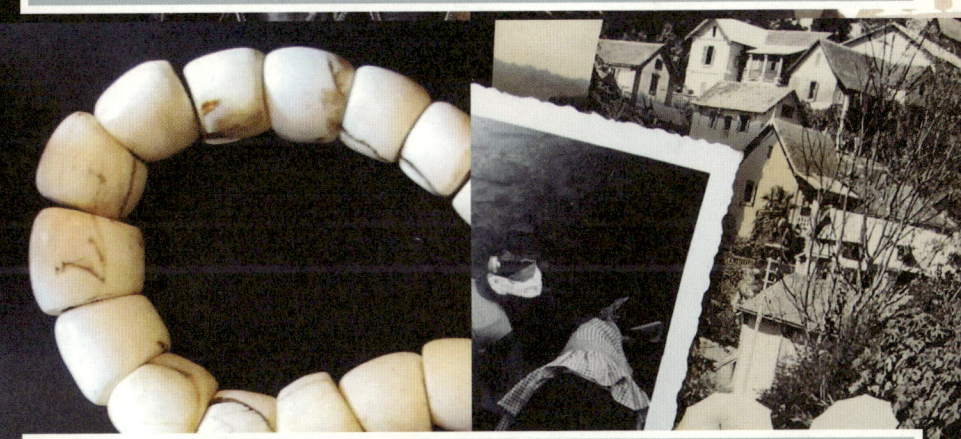

The Duke

Der Spezialist für amerikanische Vintage-Produkte lockt Ralph Lauren und viele andere Berühmtheiten aus der Modeszene an.

MARCHÉ VERNAISON | 99 RUE DES ROSIERS | ALLÉE 1 STAND 37 | TEL. +33 06 32 37 17 11

Elodie Sanson

Eine hübsche Sammlung von Objekten, Schmuck und Fotos primitiver Kunst.

MARCHÉ VERNAISON | ALLÉE 2 STAND 51 BIS | TEL. +33 06 10 01 38 97

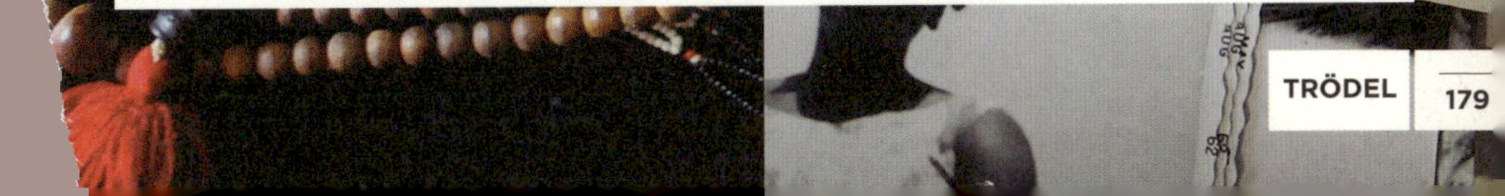

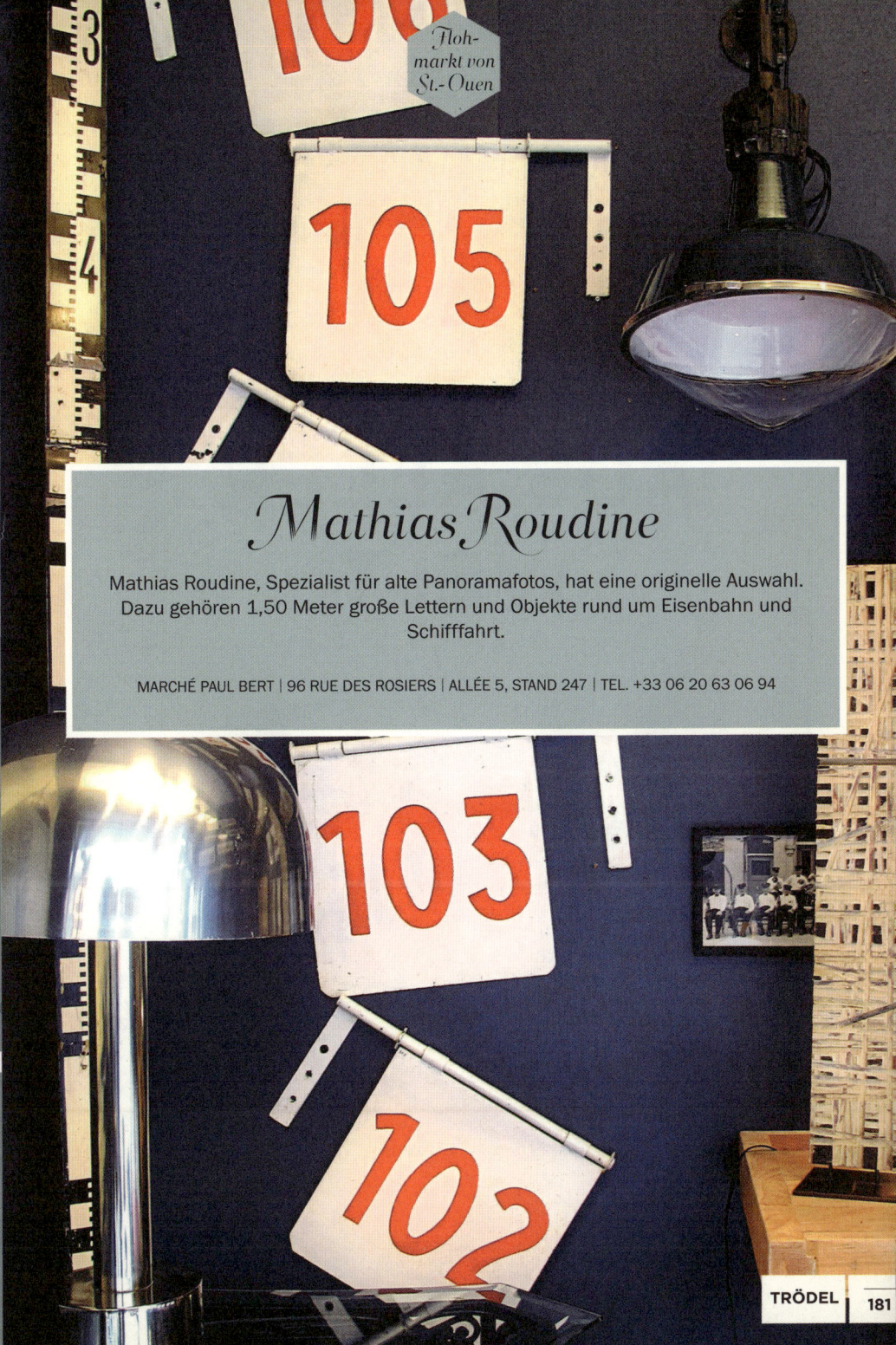

Mathias Roudine

Mathias Roudine, Spezialist für alte Panoramafotos, hat eine originelle Auswahl. Dazu gehören 1,50 Meter große Lettern und Objekte rund um Eisenbahn und Schifffahrt.

MARCHÉ PAUL BERT | 96 RUE DES ROSIERS | ALLÉE 5, STAND 247 | TEL. +33 06 20 63 06 94

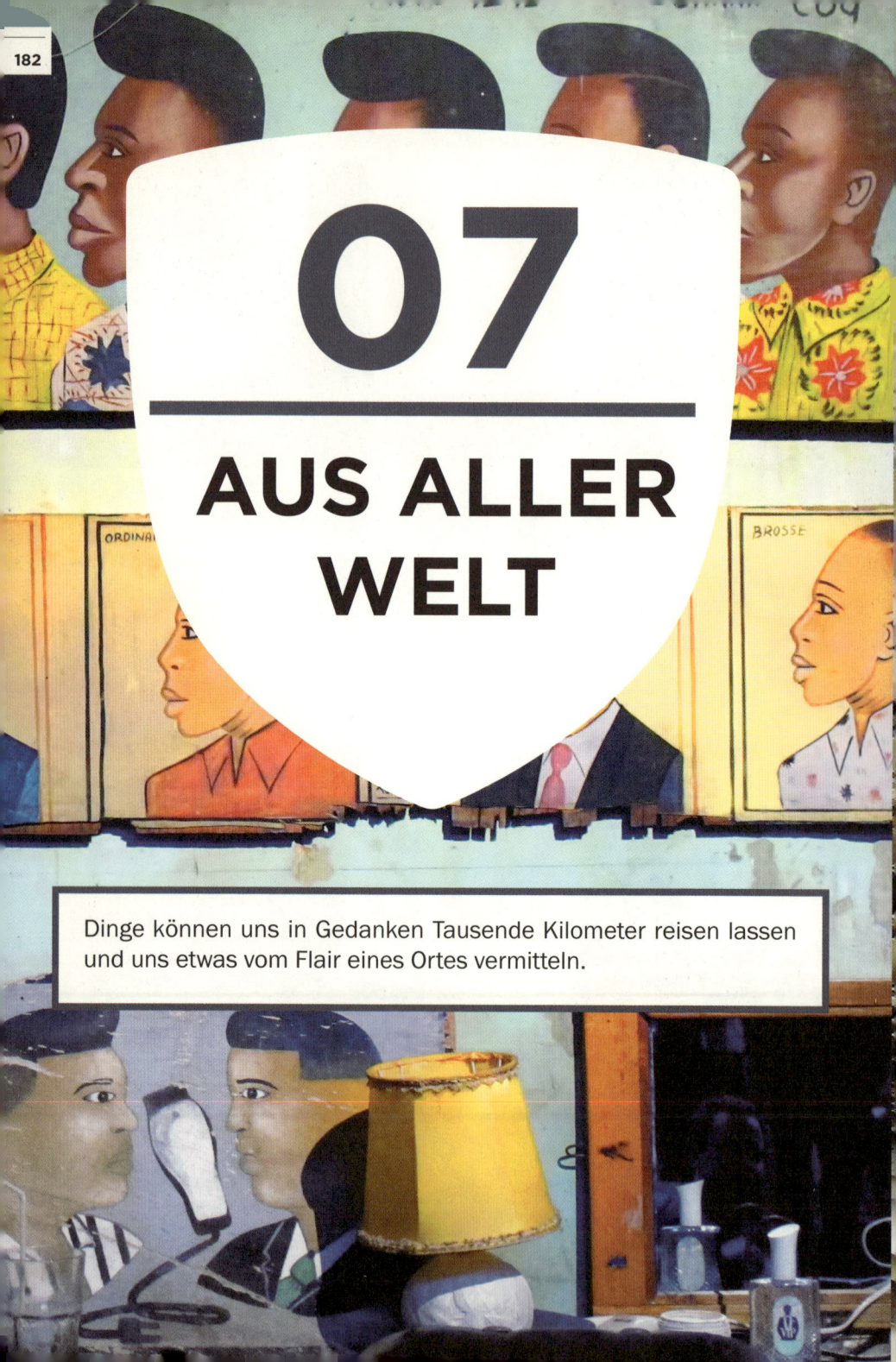

07

AUS ALLER WELT

Dinge können uns in Gedanken Tausende Kilometer reisen lassen und uns etwas vom Flair eines Ortes vermitteln.

Handgeflochtene Körbe, indigoblaue Kissen zum Dösen und Träumen, der Duft von Räucherstäbchen, Emailleteller mit grünem Rand, ein farbiger Metallkoffer für Armbänder, Fotos und Souvenirs, die Zitrusaromen eines marokkanischen Riad.

Voyageurs du Monde

Eine meiner Lieblingsboutiquen liegt im japanischen Viertel in der Rue Sainte-Anne. Sie gehört zum Reisebüro Voyageurs du Monde gleich gegenüber. Auf zwei Etagen wird hochwertiges Kunsthandwerk aus aller Welt angeboten: Korbwaren aus Afrika, traditionelle tibetische Stoffe, Opiumwaagen mit Gewichten, Hauben nordthailändischer Frauen, Metallgefäße aus dem Jemen, indigoblaue Baumwollsterne aus Laos. Wenn man den Laden betritt, fühlt man sich fast wie in einem Museum – einfach weil die Produkte so fantastisch sind und man so viel über ihre Herkunft und Verwendung erfährt. In der angrenzenden Buchhandlung findet man eine Riesenauswahl an Reisebüchern und großformatigen Landkarten.

50 RUE SAINTE-ANNE | 75002 PARIS | TEL. +33 01 42 86 16 25
WWW.VOYAGEURS-OBJETS-DU-MONDE.FR | METROSTATION: PYRAMIDES ODER OPÉRA

2. Arr.
Karte S. 262

Le Comptoir Général

Diesen unglaublichen Laden darf man sich nicht entgehen lassen: ein kleines Kino, Ausstellungen, Konzerte, ein Klamottenladen und ein Imbiss ... Le Comptoir Général ist ein quirliger Treffpunkt, an dem exotische, ausgegrenzte und mittellose Kulturen eine Bühne finden. Die riesige Halle ist jeden Donnerstagabend und am Wochenende mittags und abends geöffnet. Von montags bis donnerstags stehen die Räume Vereinen und anderen Organisationen zur Verfügung, die sich für Umweltschutz, Solidarität, gesellschaftliche Erneuerung und Öffnung zur Welt engagieren. Probieren Sie den Cocktail „Le Secousse": eine Spezialität aus Bissapsaft, Gurke, Wodka und Passionsfrucht!

80 QUAI DE JEMMAPES | 75010 PARIS | TEL. +33 01 44 88 24 48
WWW.LECOMPTOIRGENERAL.COM | METRO: JACQUES BONSERGENT

10. Arr.
Karte S. 274

CSAO

Hier bekommt man bunte gewebte Kunststoffmatten in unterschiedlichen Größen, Mustern und Farben. La Compagnie du Sénégal et de l'Afrique de l'Ouest (CSAO) verkauft seit 1997 im Marais Dekoartikel und Möbel aus Afrika. Die Gründerin Valérie Schlumberger hat lange im Senegal gelebt und Kontakte zu afrikanischen Handwerkern geknüpft. Heute verkauft sie deren Arbeiten in ihren beiden Geschäften. Ihr Sortiment umfasst vor allem Kissen, Bettwäsche und die wunderschönen Jokko-Halsketten und -Armbänder.

9 RUE ELZÉVIR | 75003 PARIS | TEL. +33 01 42 71 33 17 | WWW.CSAO.FR
METROSTATION: CHEMIN VERT

3. Arr.
Karte S. 264

*In der Rue Elzévir gibt's auch das afrikanische Restaurant **Le Petit Dakar** und die Bar **Jokko**, an deren Gründung der senegalesische Sänger Youssou N'Dour beteiligt war.*

The Appointment

Die Boutique führt Kreationen der Marke „Rock the kasbah" des Designers Philippe Xeri: Möbel, entworfen von Philippe Xeri und hergestellt von tunesischen Handwerkern, außerdem Sessel, Sofas, Kelimkissen und Keramik. Philippe Xeri hat kürzlich auch an der Gestaltung der Bar **PERCHOIR** mitgewirkt: Die Rooftop-Terrasse eignet sich ideal für lange Sommernächte.

12. *Arr.*

14 RUE BEAUREGARD | 75002 PARIS | METROSTATION: BONNE NOUVELLE

C & P

Zu C&P in der Rue du Pont-Louis-Philippe gehe ich, wenn ich schöne Holzbretter und Scheren suche oder einfach schauen möchte, was gerade an marokkanischen Handwerksprodukten eingetroffen ist. Unter den Gebrauchsgegenständen, die alle von Hand gefertigt sind, findet sich immer etwas Schönes.

16 RUE DU PONT-LOUIS-PHILIPPE | 75004 PARIS
TEL. +33 09 51 14 57 56 | METROSTATION: SAINT-PAUL

4. *Arr.*
Karte S. 266

Nicht weit entfernt, in der Rue du Pont-Louis-Philippe 3, verkauft eine winzige Boutique tunesische Futas. Diese Hammamtücher in Grün-, Gelb- und Rottönen sind alle betörend schön.

Rickshaw

Im Herzen des zweiten Arrondissements am Ende der Rue Marie-Stuart beginnt die Passage du Grand-Cerf. In ihrer Mitte liegen die beiden Rickshaw-Läden, die von Schätzen aus Indien nur so überquellen. Die Besitzer, zwei Brüder, lassen sich regelmäßig Container mit alten Fotos, Bilderrahmen, Holzschachteln, Metalldosen und Lampen aus Indien schicken. Dort entdeckte ich eine ganze Kollektion bunter Öllampen in Blau, Gelb und Grün, die sich ideal zur Beleuchtung ausgedehnter sommerliche Abendessen eignen, und Emailleschüsseln, die mit indischen Briefmarken verziert sind.

7 PASSAGE DU GRAND-CERF | 75002 PARIS | TEL. +33 01 42 21 41 03

WWW.RICKSHAW.FR | METROSTATION: ÉTIENNE MARCEL

2. Arr.
Karte S. 262

La Cabane de l'Ours

Im Innenhof des Village Saint-Paul versteckt sich La Cabane de l'Ours, eine Boutique im Stil amerikanischer Siedlerhütten: Sie führt Plaids und Bettdecken von Pendleton San Miguel, die traditionelle Webtechniken südwestamerikanischer Ureinwohner mit Einflüssen spanischer Missionare kombinieren, dazu handbemalte mexikanische Masken aus Pappmaschee, Spiegel, Bilderrahmen und Möbel. Die Galerie **URUBAMBA** im fünften Arrondissement ist auf die Kultur nord-, mittel- und südamerikanischer Ureinwohner spezialisiert.

VILLAGE SAINT-PAUL: 23 RUE SAINT-PAUL | 75004 PARIS | TEL. +33 01 42 71 01 49

WWW.LACABANEDELOURS.COM | METROSTATION: SAINT-PAUL

GALERIE URUBAMBA: 4 RUE DE LA BÛCHERIE | 75005 PARIS

TEL. +33 01 43 54 08 24 | METROSTATION: MAUBERT–MUTUALITÉ

4.–5. Arr.
Karte S. 266

CFOC

Die Compagnie française de l'Orient et de la Chine (CFOC) hat sich mit der Hilfe von Sarah Lavoine zu einer wunderschönen Edelboutique gemausert. Am Boulevard Haussmann bietet sie das komplette Lifestyle-Programm: Restaurant, Ausstellungen, hochwertiges Geschirr und Gläser, Heimtextilien, Schreibwaren und moderne, individuelle Möbel. Man findet hier Designerstücke wie die Lampen von Celine Wright oder Möbel von Benjamin. CFOC stützt sich auf traditionelle Handwerkskunst und bietet zunehmend kleine, ausgesuchte Serien an, die sie unter der Eigenmarke CFOC produziert und vertreibt.

260 BOULEVARD SAINT-GERMAIN | 75007 PARIS | TEL. +33 01 47 05 92 82 | METROSTATION: SOLFÉRINO
170 BOULEVARD HAUSSMANN | 75008 PARIS | TEL. +33 01 53 53 40 80
METROSTATION: MIROMESNIL | WWW.CFOC.FR

7.-8. *Arr.*
Karte S.270

Nur 800 Meter entfernt präsentiert der **Espace culturell Louis Vuitton** *regelmäßig Ausstellungen rund ums Reisen. Er ist ab mittags geöffnet und durch das Vuitton-Geschäft erreichbar: 60 Rue de Bassano | 75008 Paris | Tel. 33 01 53 57 52 03 | www.louisvuitton-espaceculturel.com*

Mahatsara

Hier finden Sie afrikanische Körbe aus Hanf, gehäkelte Hängelampen, in Swasiland gefertigte Schüsseln aus weißem und kupferfarbenem Zeitungspapier, die durch einen Firnis wasserabweisend gemacht wurden, Kissen, Korbwaren aus Pflanzenfasern von Binky Newman oder Zulu-Flechtarbeiten aus Telefonkabeln.

8 RUE OBERKAMPF | 75011 PARIS | TEL. +33 01 58 30 89 29
WWW.MAHATSARA.COM | METROSTATION: OBERKAMPF

11. Arr.
Karte S. 276

Ouma Productions

Stéphanie de Saint-Simon hat 20 Jahre in der Eventbranche gearbeitet und Dekorationen für diverse Kunden gestaltet. Nach zahlreichen Indienreisen importiert sie heute indische Möbel und Objekte oder lässt sich von ihnen zu eigenen Kreationen inspirieren. Koffer und Hocker aus farbigem Metall sowie Charpoys, die traditionellen transportablen indischen Betten mit Seilbespannung, sind ihre Markenzeichen geworden. Produkte von Ouma Produktions bekommt man in Pariser Boutiquen wie **CARAVANE** und **LES AUTRUCHES** sowie nach Vereinbarung direkt bei Stéphanie.

NACH VEREINBARUNG | 8 IMPASSE SAINT-SÉBASTIEN | 75011 PARIS | TEL. +33 06 14 31 32 48
WWW.OUMAPRODUCTIONS.COM | METROSTATION: RICHARD LENOIR

11. Arr.
Karte S. 276

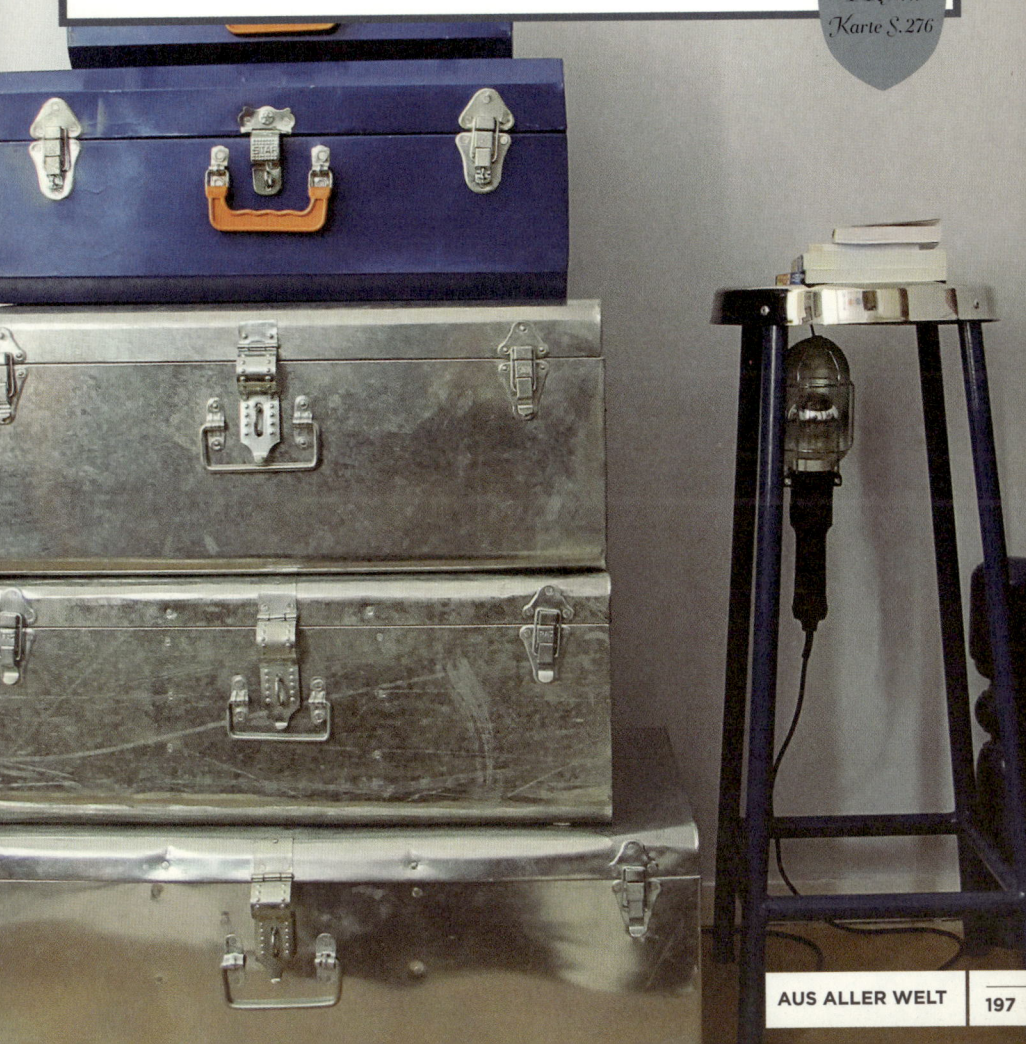

08

ZU TISCH

Die meisten Geschäfte für Koch- und Küchenutensilien sind im Quartier les Halles zu finden. Dort war nämlich früher der bedeutendste Pariser Großmarkt, bis er 1969 in den Süden der Stadt verlegt wurde. Geschäfte, die auf Tischkultur spezialisiert sind, gibt es dagegen in ganz Paris. Die großen Kaufhäuser bieten eine reiche Auswahl. Kleine Boutiquen mit innovativem Sortiment und Waren, die man nicht überall bekommt, sind dagegen seltener. Die folgende Auswahl umfasst die ausgefallensten Geschäfte auf diesem Gebiet.

Sahnespritzbeutel, rostfreie Tarteletteförmchen, Küchenmesser, eine 14-rippige Briocheform, flüssiger Karamell und knirschender Zucker, hübsches Geschirr und funkelndes Besteck – für einen schön gedeckten Sonntagstisch.

Merci

Es ist völlig unmöglich, Merci auszulassen, wenn man Pariser Geschäfte bespricht. Aber genauso heikel ist es, diesen Concept Store einem Kapitel dieses Buches zuzuordnen. Denn er deckt im Grunde den gesamten Lifestyle-Bereich ab: Schlafen, Wohnen, Kosmetik, Schreibwaren, Lampen, Mode und natürlich Küche und Esstisch. Auf diesem Gebiet bietet Merci eine große und vor allem äußerst interessante Auswahl. Im Untergeschoss finden Sie Küchenutensilien, die größtenteils aus dem Ausland – aus skandinavischen Ländern und aus Japan – stammen und nur bei Merci erhältlich sind. Alle Sachen sind modern, ästhetisch und vor allem praktisch. Unter anderem gibt's hier auch das Küchenset „Malle Trousseau". In der ersten Etage werden Gläser, Geschirr und Besteck ausgestellt. Die Präsentation in stimmigen Ensembles funktioniert perfekt. Besonders interessant finde ich die Bestecke der portugiesischen Marke Cutipol, die Leinenservietten sowie die Gläser des Pariser Unternehmens La Soufflerie. Alle Sachen von Merci sind auch online erhältlich.

111 BOULEVARD BEAUMARCHAIS | 75003 PARIS | TEL. +33 01 42 77 00 33 | WWW.MERCI-MERCI.COM
METROSTATION: FILLES-DU-CALVAIRE

3. *Arr.*
Karte S. 276

Gegenüber von **Merci**, *vor der Metrostation Saint-Sébastien–Froissart, gibt's hervorragende Hamburger bei* **Blend***: 1 Boulevard des Filles-du-Calvaire, www.blendhamburger.com.*

E. Dehillerin

Dehillerin ist eine Pariser Institution und weltweit unter Küchenliebhabern für sein Schaufenster berühmt. Der Laden ruft Erinnerungen an das alte Paris wach. In den Holzregalen finden sich manche Utensilien, die heute gar nicht mehr hergestellt werden, weil sich die Kochkunst so stark verändert hat. Das gilt etwa für Metall-spieße, die mit einem Hasen, Hahn oder Schwein verziert waren und verwendet wurden, um aufwendige Gerichte wie Ente à l'orange zu servieren. Elektrogeräte sucht man in diesem Tempel der traditionellen Küche vergebens. Dafür gibt es Kupferformen für Tarte Tatin, Charlotte-Formen in verschiedenen Ausführungen, Messer, riesige Platten und Kasserollen. Es herrscht immer reger Betrieb. Daher sollte man Geduld mitbringen. Der Laden schließt um Punkt 18 Uhr.

18–20 RUE COQUILLIÈRE | 75001 PARIS | TEL. +33 01 42 36 53 13 | WWW.E-DEHILLERIN.FR
METROSTATION: ÉTIENNE MARCEL ODER LES HALLES

1. Arr.
Karte S. 260

Ganz in der Nähe auf der anderen Straßenseite ist das Küchen- und Glasgeschäft **La Verrerie des Halles**: *15 Rue du Louvre | 75001 Paris | Tel. +33 01 42 36 80 60 | www.verrerie-des-halles-paris.fr.*

G. Detou

Gehen Sie auf keinen Fall am Feinkostgeschäft G. Detou in der Rue Tiquetonne vorüber: Dort gibt es wirklich alles, was Frankreich und der Rest der Welt an Köstlichkeiten zu bieten haben: von Lammfüßen mit Schafspansen aus Marseille über eine fünf Kilogramm schwere Tafel Schokolade der Marke Valhora bis hin zu getrockneten Morcheln – ein wahres Paradies für Köche.

58 RUE TIQUETONNE | 75002 PARIS | TEL. +33 01 42 36 54 67 | WWW.GDETOU.COM

METROSTATION: ÉTIENNE MARCEL ODER LES HALLES

2. Arr.
Karte S. 262

Mora

Mora ist ein weiterer wichtiger Anlaufpunkt für Köche. Hier gibt's eine Riesenauswahl an Küchenutensilien, vor allem Formen und Förmchen aller Art, darunter die Form „Tour Eiffel". Das Sortiment ist moderner als bei Dehillerin. So findet man zum Beispiel Deko für Cupcakes, Back- und Konditorenzubehör, diverse Platten und sogar Küchenmaschinen.

13 RUE MONTMARTRE | 75001 PARIS | TEL. +33 01 45 08 19 24 | WWW.MORA.FR
METROSTATION: ÉTIENNE MARCEL ODER LES HALLES

1. Arr.r
Karte S. 260

In der Rue Montmartre reiht sich ein Küchenfachgeschäft an das andere. Geht man die Straße ein Stück weiter hinauf, stößt man auf Déco Relief, wo es alle möglichen Backformen aus Silikon sowie Kuchendekorationen gibt. In der Rue Montmartre 48 befindet sich A. Simon und an der Ecke der Rue Étienne Marcel La Bovida.

Ceccaldi

Monsieur Ceccaldi ist Korse. In seinem Familienbetrieb in Porto-Vecchio produziert er Messer in elegantem Design, Hirtenmesser, Küchenmesser und Tafelmesser. Da sich die Linienführung aus der Form des jeweiligen Holzgriffs ergibt, hat jedes Stück seinen ganz eigenen Charakter. Der Laden in der Rue Racine in der Nähe des Odéon beherbergt auch eine Werkstatt. Seit Kurzem können Sie hier Messer mit Siebdrucken der jungen Grafikerin Elodie Du Battista kaufen.

15 RUE RACINE | 75006 PARIS | TEL. +33 01 46 33 87 20 | WWW.COUTEAUX-CECCALDI.COM
METROSTATION: ODÉON

6. *Arr.*
Karte S. 268

Corner shop

Die kleine Boutique liegt im Village Saint-Paul an der Ecke zum Quai des Célestins. Für mich sind dort vor allem Designerstücke interessant, die man ansonsten nirgendwo bekommt: Platten der „Roulé"-Serie von Pauline Deltour, wunderschöne italienische Gläser und japanische Teekannen.

Designertischkultur finden Sie auch bei: **XANADOU**, 10 Rue Saint-Sulpice, 75006 Paris, Tel. +33 01 43 26 73 43; bei **UP,** 14 Rue Froissart im dritten Arrondissement, sowie im ersten Arrondissement bei **ZERO ONE ONE,** 2 Rue de Marengo, Tel. +33 01 49 27 00 11, http://zerooneone.blogspot.de.

3 RUE SAINT-PAUL | 75004 PARIS | TEL. +33 01 42 77 50 88

METROSTATION: PONT MARIE

4. Arr.
Karte S. 266

Wenn Sie alte Stühle lieben, sind Sie in der Boutique **Au bon usage** *in der Rue Saint-Paul richtig. Sie ist auf Thonet-Stühle spezialisiert.*

Perigot

Perigot ist die französische Marke, die das alte Konzept der Drogerie wiederbelebt hat. Sie bietet Haushaltswaren in guter Qualität und attraktivem Design, vom Kordelspender über die Gemüsebürste bis zum Vintage-Wachstuch. Alles ist ebenso schön wie praktisch.

16 BOULEVARD DES CAPUCINES | 75009 PARIS | TEL. +33 01 53 40 98 90 | WWW.PERIGOT.FR

METROSTATION: OPÉRA

9. Arr.
Karte S. 272

Argenterie d'Antan

Corinne Javaloyès hat sich mit ihrem Laden in unmittelbarer Nähe zum Marais auf Silberbestecke spezialisiert. Bei ihr findet man wunderschönes altes Besteck von renommierten französischen Herstellern, das aussieht wie neu, oder Kollektionen von Christofle, die nicht mehr hergestellt werden. Eine perfekte Adresse, wenn man ein vorhandenes Besteck ergänzen will. Sehr empfehlenswert ist der Polierservice: Angelaufene Bestecke erstrahlen danach wieder in neuem Glanz.

6 RUE DE BIRAGUE | 75004 PARIS | TEL. +33 01 42 71 31 91 | WWW.ARGENTERIE-DANTAN.COM
METROSTATION: SAINT-PAUL

4. Arr.
Karte S. 266

Tsé & Tsé

Hier gibt es Stücke der Designer Tsé & Tsé wie „hungrige Teller", Karaffen mit Fingerabdrücken und Gläser „mit Schwips", aber auch wunderschöne türkische Vintage-Schalen. Der Laden ist gleich neben der Boutique Sarah Lavoine.

7 RUE SAINT-ROCH | 75001 PARIS | TEL. +33 01 42 61 90 26 | WWW.TSE-TSE.COM
METROSTATION: TUILERIES

1. *Arr.*
Karte S. 260

Caravane Emporium

Kein Stück, das nicht den typischen Caravane-Stil widerspiegelt! Im Emporium in der Rue Saint-Nicolas, gegenüber vom Chambre 27, widmet sich Caravane der Tischkultur. Schwarze Teller und Platten der Marke „ABC" des äußerst talentierten Designers Nelson Sepulveda mischen sich mit Mitbringseln von verschiedenen Reisen. Seite an Seite findet man rostfarbene Keramikteller aus Indien, eine emaillierte Picknickdose, Gläser sowie wunderschöne Servietten und Handtücher der Marke „Caravane". Etwas ganz Besonderes ist auch das elegante gehämmerte oder versilberte Besteck.

22 RUE SAINT-NICOLAS | 75012 PARIS | TEL. +33 01 53 17 18 55
WWW.CARAVANE.FR | METROSTATION: LEDRU–ROLLIN

12, *Arr.*

À ma table

Diese relativ neue und innovative Boutique in der Rue des Martyrs nicht weit von der Avenue Trudaine verkauft Geschirr, wie man es ansonsten in Paris nicht findet: eine schlichte, aber äußerst attraktive Auswahl an Porzellan in Weiß oder mit Dekor aus Italien, Japan und anderen Ländern.

LES COMMIS in der Rue Trudaine wendet das Ikea-Prinzip aufs Kochen an: Ein Sternekoch stellt für Kunden ein komplettes Menü zusammen, das sie dann zu Hause selbst zubereiten. Alles ist fertig abgewogen, geschnitten und vorbereitet. Es ist wirklich ganz einfach, gesellig und nicht zuletzt wirklich köstlich.

72 RUE DES MARTYRS | 75009 PARIS | WWW.A-MA-TABLE.FR | METROSTATION: PIGALLE

LES COMMIS: 51 AVENUE TRUDAINE | 75009 PARIS

TEL. +33 01 48 74 83 14 | WWW.LESCOMMIS.COM

9. Arr.
Karte S. 272

La Maison de la porcelaine

Früher war die Rue de Paradis die Straße der Kristall- und Porzellanhändler, weil sie nah am Gare de l'Est liegt. Hier kamen die zerbrechlichen Waren aus Lothringen an. Zwei dieser Läden haben sich bis heute gehalten und bieten eine Riesenauswahl von überwiegend französischem Porzellan. Das sehr geräumige Maison du porcelaine verkauft Geschirr aus der berühmten Porzellanstadt Limoges, weißes Porzellan in allen erdenklichen Formen sowie Glaswaren.

LA CRISTALLERIE DE PARIS in der Hausnummer 1 der gleichen Straße führt noble Marken wie Baccarat, Bernardaud, Christofle, Deshoulières und Ercuis.

21 RUE DE PARADIS | 75010 PARIS | TEL. +33 01 47 70 22 80
METROSTATION: CADET ODER CHÂTEAU-D'EAU

10. Arr.
Karte S. 274

In der Rue de Paradis lohnt sich ein Blick auf die Fayence-Fassade der Hauses Nummer 18. Hier befand sich früher der Hauptsitz der Faïencerie Choisy-le-Roi, die die berühmten rechteckigen Kacheln mit abgeschrägten Kanten für die Pariser Metrostationen herstellte.

Fleux

Fleux hat in der Rue Sainte-Croix-de-la-Bretonnerie vier einander gegenüberliegende Läden eröffnet, die eine riesige, vielfältige Auswahl bieten. Das regelmäßig wechselnde Sortiment reicht von kleinen Spielereien bis hin zu innovativen Accessoires und lädt zum Stöbern ein: Holzhände mit beweglichen Fingern, Körbe aus Naturfasern oder Metall, Geschirr, Möbel der Marke Tolix und Schreibwaren. Das große Plus von Fleux ist es, zu erschwinglichen Preisen etwas Ausgefallenes für jeden Geschmack zu haben.

39 & 52 RUE SAINTE-CROIX-DE-LA-BRETONNERIE | 75004 PARIS | TEL. +33 01 42 78 27 20
WWW.FLEUX.COM | METROSTATION: HÔTEL DE VILLE

4. Arr.
Karte S. 266

Astier de Villatte

Die Produkte der Marke Astier de Villatte werden vor den Toren von Paris hergestellt. Ihr einziger Laden in der Stadt liegt in der Rue Saint-Honoré und gehört zu den originellsten und schönsten seiner Art. Astier ist keine alteingeführte Marke, doch ihr Stil ist kostbar und traditionell mit modernem Anflug. Im Laden selbst werden die alten Mauern zur Geltung gebracht. Vor ihrem Hintergrund vermitteln die Regale und Vitrinen mit Servierplatten, Tellern und Teetassen die Atmosphäre eines gemütlichen Zuhauses. Die Zusammenarbeit mit namhaften Vertretern der Dekobranche wie John Derian hat dazu geführt, dass das weiße Keramikgeschirr einen avantgardistischen Touch besitzt. Es lässt sich daher bestens mit modernen Elementen kombinieren. Porzellan von Astier ist zeitlos und von sicherem Wert wie ein Erbstück.

173 RUE SAINT-HONORÉ | 75001 PARIS | TEL. +33 01 42 60 74 13 | WWW.ASTIERDEVILLATTE.COM

METROSTATION: PALAIS-ROYAL—MUSÉE DU LOUVRE

1. Arr.
Karte S. 260

La Galerie Salon

La Galerie Salon liegt versteckt im Viertel Saint-Germain-des-Prés und führt eine große Auswahl an Geschirr von Astier de Villatte sowie großartige Antiquitäten.

4 RUE DE BOURBON-LE-CHÂTEAU | 75006 PARIS | TEL. +33 06 33 85 98 99
METROSTATION: SAINT-GERMAIN-DES-PRÉS

6. *Arr.*
Karte S. 268

09

ACCESSOIRES

Accessoires wirken durch Farbe, Form, Material und Stil. Sie unterstreichen den Gesamteindruck eines Outfits oder Dekors und transportieren Lebensgefühle und Stimmungen. Eine aus Pflanzenfasern geflochtene Tasche erinnert an ferne Länder, Strand und Freiheit. Eine Vintage-Sonnenbrille spiegelt die Eleganz eines Sommers auf Capri, eine Ukulele lässt an süßes Nichtstun denken. Accessoires stehen für einen Moment, eine Laune: egal, ob es eine besondere Halskette oder eine Galerie von Strohhüten an der Wand ist. Die folgenden Adressen führen Materialien und Objekte, die alle jede Menge Originalität und Stil ausstrahlen.

Eine goldene Fahrradklingel aus Messing, geflochtene Lederbänder, altmodische Bordüren und Webbänder, ein Mann-schaftsabzeichen der Yankees von 1953, eine gold-weiße Halskette, eine Sonnenbrille, ein Seidenschal, Nähnadeln, Garnrollen, Souvenirs.

Ultramod

Für alle Liebhaber von Bändern, Garnen, Knöpfen und anderen Kurzwaren sind die beiden Läden ein absolutes Muss. Sie liegen einander gegenüber in der Rue Monsigny und haben ihr Aussehen seit 1890 nicht verändert. Man findet hier wunderschöne alte Bänder, Stoffe, Knöpfe und Garne in den unglaublichsten Farben. Vieles wird in den alten, nummerierten Holzkisten aufbewahrt, die sich vom Boden bis zur Decke stapeln. Am liebsten möchte man alles kaufen!

14 RUE MONSIGNY | 75002 PARIS | TEL. +33 01 42 96 98 30
METROSTATION: BOURSE

2. *Arr.*
Karte S. 262

La Droguerie de Paris

Dieses Kurzwarengeschäft neben der Kirche Saint-Eustache im Quartier des Halles hat nicht nur das Ladenlokal, sondern auch die Einrichtung von der früheren Metzgerei übernommen. Vor der Holztheke drängen sich die Kunden, um Bändchen, Kettchen und Verschlüsse zu begutachten – alles, was man braucht, um Schmuck herzustellen. Dazu gibt es Perlen aller Art, Bänder, Baumwollgarn, Wolle und Alpaka. Es ist oft ziemlich voll. Daher braucht man etwas Geduld.

9 ET 11 RUE DU JOUR | 75001 PARIS | TEL. +33 01 45 08 93 27
WWW.LADROGUERIE.COM | METROSTATION: LES HALLES

1. Arr.
Karte S.260

Wenn das Portal geöffnet ist, lohnt sich ein Blick in die Kirche Saint-Eustache mitten im Quartier des Halles. Sie stammt aus dem frühen 13. Jahrhundert.

Journal standard de luxe

Die japanische Marke hat sich mit ihrem Pariser Laden in der schönen Galerie de Montpensier niedergelassen, die an den Park des Palais-Royal grenzt. Mina, die den Laden führt, hat ein unglaubliches Geschick, Dinge in Szene zu setzen. Mich spricht vor allem die Wahl der Materialien an, sei es bei Jeans, Taschen, Hüten oder Schals. Das Sortiment ist innovativ und raffiniert. Und die schönen Kataloge bieten eine Fülle von Anregungen.

11–12 GALERIE DE MONTPENSIER | 75001 PARIS | TEL. +33 01 40 20 90 83
WWW.JOURNAL-STANDARD.JP | METROSTATION: PALAIS-ROYAL—MUSÉE DU LOUVRE

1. Arr.
Karte S. 260

J.S.L.
JOURNAL STANDARD LUXE
J.S.LUXE

Pour vos beaux yeux

Diese kleine Boutique in der Passage du Grand-Cerf hat sich auf Vintage-Brillen spezialisiert. Ich liebe das altmodische Ambiente. Der Fliesenboden, die Möbel und die Theke liefern den perfekten Rahmen für Brillen, wie Grace Kelly und Audrey Hepburn sie hätten tragen können. Man findet hier alte Originalmodelle von den 1920er bis in die 1980er Jahre.

10 PASSAGE DU GRAND-CERF | 75002 PARIS | TEL. +33 01 42 36 06 79
WWW.POURVOSBEAUXYEUX.COM | METRO: SENTIER ODER ÉTIENNE MARCEL

2. Arr.
Karte S. 262

En selle Marcel

Nicht weit von der Passage du Grand-Cerf entfernt befindet sich ein fantastischer Fahrradladen. Hier gibt's alle modischen Accessoires rund um das Zweirad. Der Stil ist überwiegend männlich. Doch die schönen Segeltuchtaschen, Klingeln und Ledersättel werden alle begeistern, die eine Leidenschaft fürs Radfahren teilen. Man kann hier auch seinen treuen Drahtesel reparieren lassen. Wer das lieber selbst machen will, bekommt aber auch die Reparatursets der französischen Marke Rustine in herrlich altmodischen Pappschachteln oder Metalldosen.

40 RUE TIQUETONNE | 75002 PARIS | TEL. +33 01 44 54 06 46
WWW.ENSELLEMARCEL.COM | METROSTATION: SENTIER ODER ÉTIENNE MARCEL

2. *Arr.*
Karte S. 262

Wer auf der Suche nach Vintage-Kleidung ist, kann sich bei **Kiliwatch** in der Rue Tiquetonne umsehen. *Ralph Lauren* am Boulevard Saint-Germain präsentiert in der obersten Etage ebenfalls eine Vintage-Kollektion.

Yves Andrieux & Vincent Jalbert

Yves Andrieux und Vincent Jalbert verarbeiten alte Stoffe, vor allem Armeepacksäcke, Fallschirme und Zelte, die sie von Pariser Handwerkern mit viel Sachverstand entfärben und färben lassen. Dabei entstehen Grau-, Khaki-, Schwarz- und Écrunuancen. Anschließend erwecken sie diese Rohstoffe in ihrer Werstatt in der Rue Charlot im Marais zu neuem Leben, indem sie sie in Handtaschen, Jacken oder Kissen verwandeln. Viele Stammkunden sind Japaner, die für diese hochwertigen Materialien schwärmen.

55 RUE CHARLOT | 75003 PARIS | TEL. +33 01 42 71 19 54 | WWW.VINCENTJALBERT.COM
METROSTATION: FILLES-DU-CALVAIRE

3. Arr.
Karte S. 264

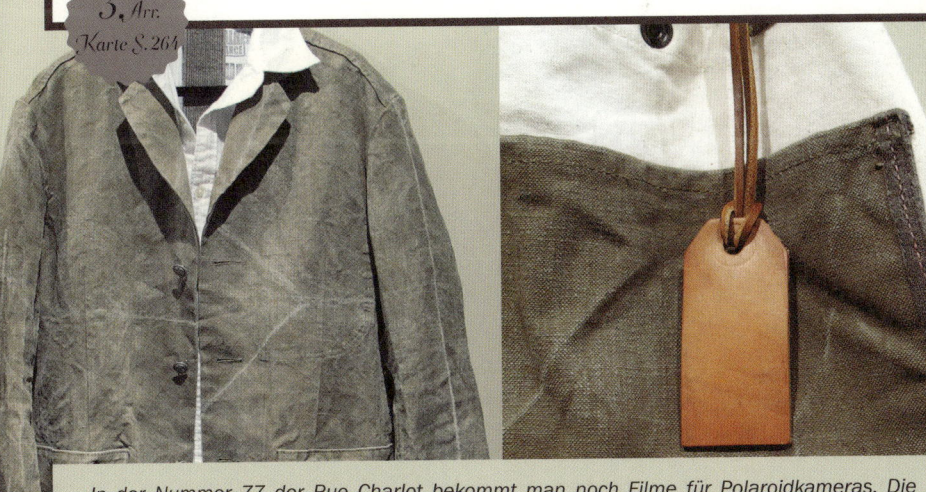

In der Nummer 77 der Rue Charlot bekommt man noch Filme für Polaroidkameras. Die Boutique **Impossible** *ist die Pariser Repräsentanz von* **The Impossible Project,** *das die Produktion dieser legendären Filme wiederaufgenommen hat.*

Mokuba

Mokuba ist der Inbegriff japanischer Eleganz. Die Marke ist sehr zurückhaltend, fehlt aber bei den großen Momenten der Pariser Modewelt selten. Ob bei Modenschauen oder Pressetagen – immer wieder entdeckt man die kleinen Papiertüten mit dem schwarzen Baumwollband. Mokuba arbeitet hauptsächlich für die Haute Couture und für Modeschöpfer. Ihr Katalog enthält über 50 000 verfügbare Artikel: Bänder und Borten aus Seide, Satin, Samt, Organdy, Taft, Webpelz, Baumwolle, gewachster Baumwolle, Leder und Lamé, Besätze, Flechtbänder, Schnüre und Litzen, Paspeln, Zackenlitzen, Tressen, Pompons, Fransen, Perlen, Pailletten, Kameen, Blumen, Stickmotive zum Aufnähen, Stretch- und Gummibänder aller Art. Fragen Sie unbedingt, ob Sie die weltweit einzigartige Ausstellung von Spitzen ansehen dürfen, die sich in einem separaten Raum im hinteren Teil des Ladens befindet. Gut 6000 verschiedene Spitzen sind hier ausgestellt: aus Baumwolle, Organdy, Seide, Résille, mehrfarbige Spitzen, schwarze, weiße, fleischfarbene; Spitzen aus Gold- oder Silberfäden.

Die **ÉCOLE LESAGE** bietet Stickkurse aller Schwierigkeitsstufen an. Sie beliefert seit vielen Jahren Chanel mit bestickten Borten und kleinen Accessoires.

18 RUE MONTMARTRE | 75001 PARIS | TEL. +33 01 40 13 81 41 | WWW.MOKUBA.FR

METROSTATION: LES HALLES ODER ÉTIENNE MARCEL

ÉCOLE LESAGE: 13 RUE DE LA GRANGE BATELIÈRE | 75009 PARIS

TEL. +33 01 44 79 00 88 | WWW.LESAGE-PARIS.COM | METROSTATION: LE PELETIER

1. *Arr.*
Karte S. 260

Shindo

Shindo ist noch ein japanisches Kurzwarengeschäft, hat aber eine andere Auswahl als Mokuba. Hier finde ich Bänder aus Wolle und Borten in allen erdenklichen Ausführungen und Farben. Auch hier sind Material und Farben vom Feinsten.

2 RUE D'ABOUKIR | 75002 PARIS | TEL. +33 01 44 88 27 57 | WWW.SHINDO.FR
METROSTATION: ÉTIENNE MARCEL

2. Arr.
Karte S. 262

Khadi and Co

Die Dänin Bess Nielsen hat die Welt bereist und sich inspirieren lassen. Insbesondere Indien hat es ihr angetan und dessen Kultur handgewebter Stoffe. Für Khadi, den traditionellen Stoff aus handgesponnener und handgewebter Baumwolle, setzte sich schon Gandhi ein und verwendete ihn sogar als Protestmittel gegen die britischen Kolonialherren. Die Symbolkraft des Khadi nutzt auch Bess Nielsen, die dessen Schönheit in ihren Marken Epices und Khadi and Co zur Geltung bringt. Aus Baumwolle, Seide oder Wolle – jede Saison bietet sie neue Farbschattierungen.

37 RUE DEBELLEYME | 75003 PARIS | TEL. +33 01 42 74 71 32
WWW.KHADIANDCO.COM | METROSTATION: FILLES-DU-CALVAIRE

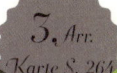

3. Arr.
Karte S. 264

Isaac Reina

Die Lederwaren von Isaac Reina sind schlicht und für den alltäglichen Gebrauch gedacht: Aktenmappen im A4-Format, Federmäppchen, Brillenetuis. Alle Artikel sind aus feinsten Materialien handgefertigt und von hoher Qualität. Reina arbeitete acht Jahre als Assistent von Véronique Nichanian in der künstlerischen Leitung der Herrenkollektion von Hermès, bevor er 2006 seine eigene Kollektion herausbrachte.

38 RUE DE SÉVIGNÉ | 75003 PARIS | TEL. +33 01 42 78 81 95 | WWW.ISAACREINA.COM

METROSTATION: SAINT-PAUL

3. *Arr.*
Karte S. 264

Michael Finks Buchhandlung **Le Comptoir de l'Image**, *44 Rue de Sévigné, ist auf Fotografie spezialisiert und lockt viele Sammler, Fotografen und bekannte Stylisten an. Der Laden ist vollgestopft mit Büchern. Darunter können Sie manche längst vergriffenen Schätze finden. (Tel. +33 01 42 72 03 92)*

Marion Vidal

Der Schmuck von Marion Vidal hat etwas ausgeprägt Grafisches, Architektonisches und ist ohne Zweifel von ihren Ausbildungen in diesen beiden Bereichen geprägt. Nach ihrem Modestudium an der Académie royale des Beaux-Arts de Anvers studierte Marion sechs Jahre lang Architektur, davon ein Jahr in Mailand. Zu ihrem geschickten Umgang mit Volumen gesellt sich ihr ausgeprägter Sinn für Farben und schöne Materialien. Sie entwirft lange und kurze Halsketten, die zu schlichter oder festlicher Kleidung passen, Armbänder und viele Kreationen für namhafte französische Häuser wie Baccarat, Le Bon Marché und Christofle.

13 AVENUE TRUDAINE | 75009 PARIS | TEL. +33 01 49 24 04 01
WWW.SHOP.MARIONVIDAL.COM | METROSTATION: ANVERS

9. Arr.
Karte S. 272

Delphine Pariente

Delphine Pariente wurde bekannt mit ihrer sehr schönen Marke für Handtaschen. Doch mittlerweile hat sie in ihren beiden Boutiquen in der Rue de Turenne eine Welt des Schmucks in einem eigenwilligen femininen Stil geschaffen. Zwischen antiken Möbelstücken präsentiert sie Halsketten, Ringe und Armbänder, die sie selbst entwirft und anfertigt. Große Schriftzüge aus Schaufenstern, Designerstühle, wunderschöne Blumen aus Korallen und alte Accessoires, die Delphine zu neuem Leben erweckt, verbinden sich zu einem stimmigen Ambiente.

8 RUE DE TURENNE | 75004 PARIS | TEL. +33 01 42 71 84 64
HTTP://DELPHINEPARIENTE.COM | METROSTATION: SAINT-PAUL

4. Arr.
Karte S. 266

feel free

10

FÜR
KINDER

Marken und Webseiten für Kinder-Dekoartikel erfreuen sich seit einigen Jahren großer Beliebtheit. In Paris gibt es ein paar sehr schöne Geschäfte, die sich auf die Gestaltung von Kinderzimmern spezialisiert haben. Außerdem konnten sich einige Concept Stores in diesem Bereich etablieren und gehören inzwischen zu den innovativsten der Welt.

Eine Lampe in Enten-
form, eine gestreifte
Kuscheldecke, versteckt
unter rosafarbenen,
gelben und grauen
Sternkissen, glitzernde
Zauberstäbe, Obst
und Gemüse aus Holz
für den Kaufmannsladen,
ein Bonbonspender,
ein weißer Papagei,
Riesenseifenblasen
und Konfetti, das durch
Kaugummiduft schwebt.

Petit Sujet Bambou Ⓛ
Baleine   18 €

Petit Pan

Die Marke Petit Pan hat in Paris mehrere Läden. Ihre Filialen in der Rue Miron sind am repräsentativsten und setzen das breite Sortiment mit viel Liebe in Szene: Kurzwaren aller Art, Stoffe als Meterware, Papierdrachen, Bodenfliesen, Möbel, Decken, Kissen und Schreibwaren. Charakteristisch für diese schöne Marke sind die lebhaften Farben und Motive, die von chinesischen Drucken inspiriert sind. Petit Pan betreibt auch einen Online-Shop.

37, 39 & 76 RUE FRANÇOIS MIRON | 75004 PARIS | TEL. +33 01 44 54 90 84 | METROSTATION: SAINT-PAUL

10 RUE YVONNE LE TAC, 75018 PARIS | TEL. +33 01 42 23 63 78 | METROSTATION: ABBESSES

95 RUE DU BAC | 75007 PARIS | TEL. +33 01 45 48 72 25 | METROSTATION: RUE DU BAC

WWW.PETITPAN.COM

4·7·18, *Arr.*
Karte S.266,
270 ↔ 278

Wenn Sie schon in der Rue François Miron sind, werfen Sie einen Blick auf das Haus Nummer 34. Hier finden Sie eine weitere hübsche Kinderboutique. **Mandorla Palace** bietet Möbel, Deko fürs Kinderzimmer und hübsches Spielzeug an.

Muskhane

Mushkane hat sich auf Textilien aus Nepal spezialisiert: Wohnaccessoires und Mode in allen nur denkbaren Farben. Alles begann mit runden Filzteppichen, die sofort ein Riesenerfolg waren. Zunächst gab es sie nur in wenigen Farben, aber nach und nach kamen neue Farbtöne dazu, schließlich auch neue Formen und Objekte. Heute findet man bei Mushkane fast jede Farbe, Kissen, Körbe, runde und eckige Teppiche, Tisch-sets, Pilze und Schiffchen, Girlanden, Bälle, Lampenschirme und Etuis fürs Tablet oder Smartphone – alles aus Filz. Daneben Schals, Handschuhe und Decken aus Kaschmir.

3 RUE PASTOURELLE | 75003 PARIS | TEL. +33 09 77 06 53 47 | WWW.MUSKHANE.FR
METROSTATION: SAINT-SÉBASTIEN FROISSART

3. Arr.
Karte S. 264

Le Bonbon au Palais

Ein Paradis für alle Leckermäulchen: Hier bekommt man Bonbons und Süßigkeiten aus allen Regionen Frankreichs. Auf dem Tisch in der Mitte des Ladens stehen große gläserne Bonbonnieren mit Karamell, Mäusespeck, Lutschern und hübsch verpackten Bonbons. Georges, der den Laden betreibt, bezieht seine Ware direkt bei den Herstellern. Er kennt Herkunft und Entstehungsgeschichte von jedem einzelnen Bonbon und weiß, wie es zu seinem Namen kam.

Auf Höhe der Rue Monge 47 bis 59 kommen Sie zur Arènes de Lutèce, dem römischen Amphitheater von Lutetia aus dem 1. Jahrhundert. Ein ruhiger, schöner Ort.

19 RUE MONGE | 75005 PARIS | TEL. +33 01 78 56 15 72 | WWW.BONBONSAUPALAIS.FR
METROSTATION: PLACE MONGE

5. *Arr.*

Pain D'épices

Bei Pain D'épices gibt es lauter Dinge im Miniaturformat – alles, was man in Puppenhaus und Kaufmannsladen braucht: Obst und Gemüse aus Holz, Körbe, Steckdosen, Croissants, Werkzeugkästen, Möbel. Bekannt ist der Laden auch für die Puppenhäuser, deren Schaufenster an alte französische Geschäfte erinnern. Außerdem ist er der einzige Ort in Paris, wo man Wolle zum Filzen bekommt.

29 PASSAGE JOUFFROY | 75009 PARIS | TEL. +33 01 47 70 08 68
WWW.PAINDEPICES.FR | METROSTATION: RICHELIEU–DROUOT

9. *Arr.*
Karte S. 272

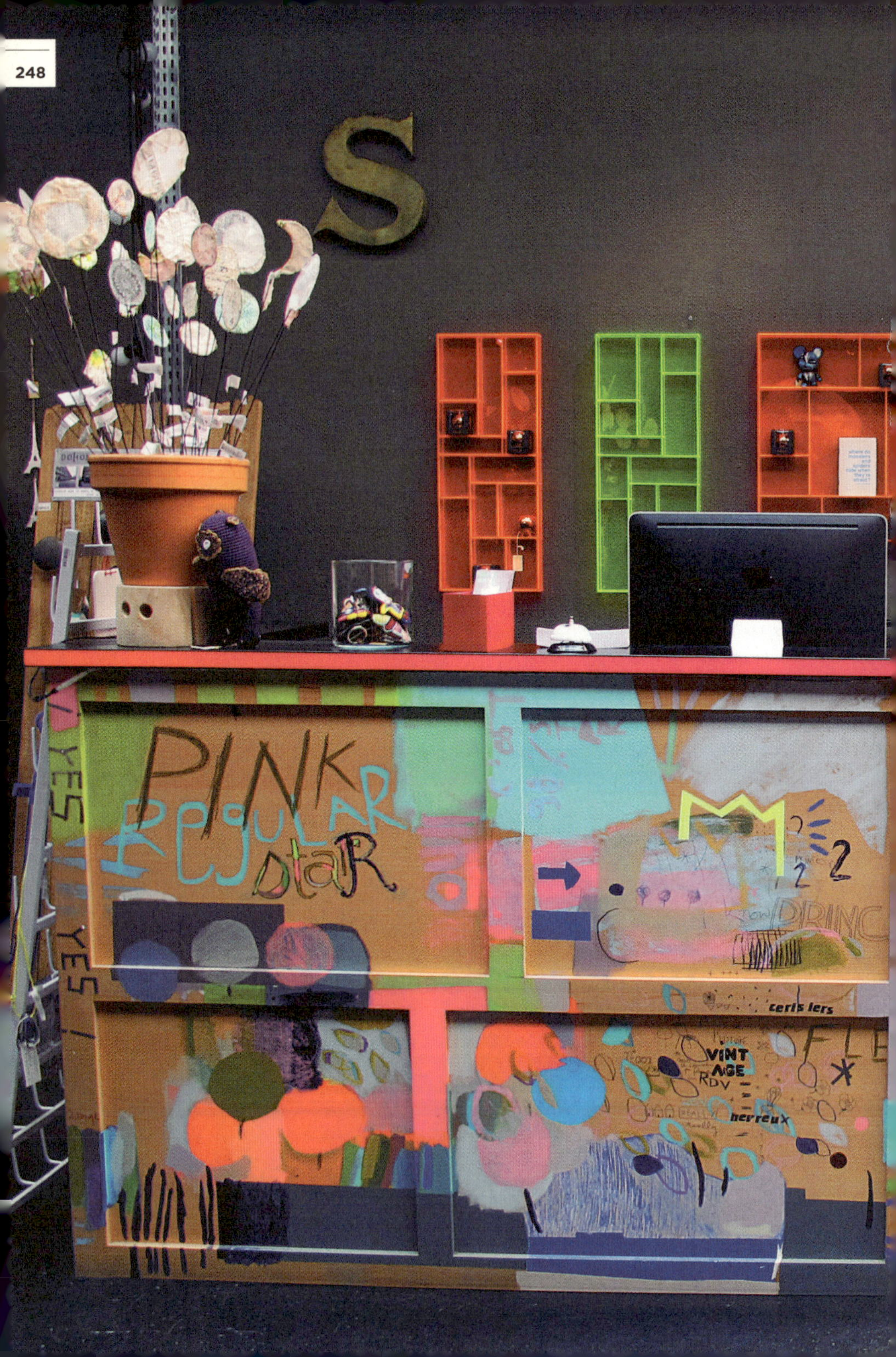
S
PINK
Regular
Star
YES
YES
VINT
AGE

Serendipity

Seit 2004 ist dieser Laden führend auf dem Gebiet der Kinderzimmerdekoration. Auf 200 Quadratmetern präsentiert er Objekte und Möbel in vielfältigen Dekors und Stilrichtungen. Das Konzept von Serendipity ist es, Trödlerstücke mit modernem Design zu verbinden. Der Laden arbeitet mit jungen Talenten zusammen, die ihre Kreationen ausschließlich über Serendipity vertreiben. An manchen Dingen kommt man inzwischen nicht mehr vorbei, etwa an dem Skateboardregal der Marke Leçon de choses von Magalie Arbib oder an den Flechtlampen von Petits bohèmes.

81–83 RUE DU CHERCHE-MIDI | 75006 PARIS | TEL. +33 01 40 46 01 15
WWW.SERENDIPITY.FR | METROSTATION: VANEAU

6. Arr.
Karte S. 268

*Nur wenige Schritte entfernt kann man im Restaurant **Mamie Gâteaux** zu Mittag essen und im angeschlossenen Antiquitätenladen nach schönen Tellern stöbern.*

Pepa's

Der Online-Shop Pepa's betreibt ein Ladengeschäft in der Rue des Petits Carreaux, ideal gelegen unter der begrünten Mauer von Patrick Blanc, „L'Oasis d'Aboukir". Hier bekommt man Schreibtische im 50er-Jahre-Stil von Les Gambettes, Nachttische von Woodwork und Gartentische von Egmont Toys.

40 RUE DES PETITS CARREAUX | 75002 PARIS | TEL. +33 01 42 36 06 77
WWW.PEPASKIDS.COM | METROSTATION: SENTIER

2. Arr.
Karte S. 262

Nur zwei Gehminuten entfernt kann man in der Rue du Nil bei **Frenchie to go** einen Kaffee trinken oder mittagessen. Für einen Aperitif oder ein Abendessen empfiehlt sich das Restaurant **Frenchie** oder **La Cave**. Um einen Tisch zu bekommen, braucht man etwas Glück. Eine Reservierung ist daher ratsam: 5–6 Rue du Nil | 75002 Paris | Tel. +33 01 40 39 96 19.

Schöne Kindermöbel gibt's auch bei **Laurette**: 18 rue Mabillon | 75006 Paris | Tel. +33 01 46 34 35 22 | www.laurette-deco.com | Metrostation: Mabillon.

Millimètres

Die Innenarchitektin Laure Chédé hat ihre hübsche Boutique 2011 eröffnet. Sie führt Designermöbel für Kinder, Regale der dänischen Marke Gubi, sehr schöne Textilmarken wie Brita Sweden und Lucky boy Sunday und seit Kurzem auch Kindermode. Die Auswahl ist durchdacht und stimmig.

19 RUE MILTON | 75009 PARIS | TEL. +33 01 71 70 96 99 | WWW.MILLIMETRES.FR
METROSTATION: NOTRE-DAME-DE-LORETTE

9.Arr.
Karte S.272

Bonton

Bonton ist eine der Pariser Adressen, an der man nicht vorbeikommt. Sie wird von der Familie Cohen geführt, die bereits die Marke Bonpoint erfolgreich etabliert hat. Bonton verfolgt eine ähnliche Linie wie Bonpoint: große, elegante Ladenlokale, sehr hochwertige Waren, gekonnte Präsentation. In seinen drei Pariser Filialen bietet Bonton Kleidung, Möbel und Dekorationsaccessoires für Kinder von der Geburt bis ins Jugendalter an. Hier bekommt man auch die schönen bunten Koffer von Ouma Production. Ein Friseur, eine ganze Abteilung mit Artikeln für Kindergeburtstage und ein Fotoautomat gehören zu den großen Pluspunkten des Ladens.

5 BOULEVARD DES FILLES-DU-CALVAIRE | 75003 PARIS | TEL. +33 01 42 72 34 69
82 RUE DE GRENELLE | 75007 PARIS | TEL. +33 01 44 39 12 01
122 RUE DU BAC | 70007 | TEL. +33 01 42 22 77 69
WWW.BONTON.FR | METROSTATION: FILLES-DU-CALVAIRE

3.–7. Arr.
Karte S. 264
–270

In derselben Straße ist auch **Merci:** *Hier kann man mittagessen oder einfach nur etwas stöbern und sich inspirieren lassen. Ein Stück weiter bekommt man in der Boutique* **Adhésifs Rubans de Normandie** *Klebeband in allen Farben: Grün, Gelb und fluoreszierend. Tel. +33 01 42 71 31 61 | www.adhesifs.com.*

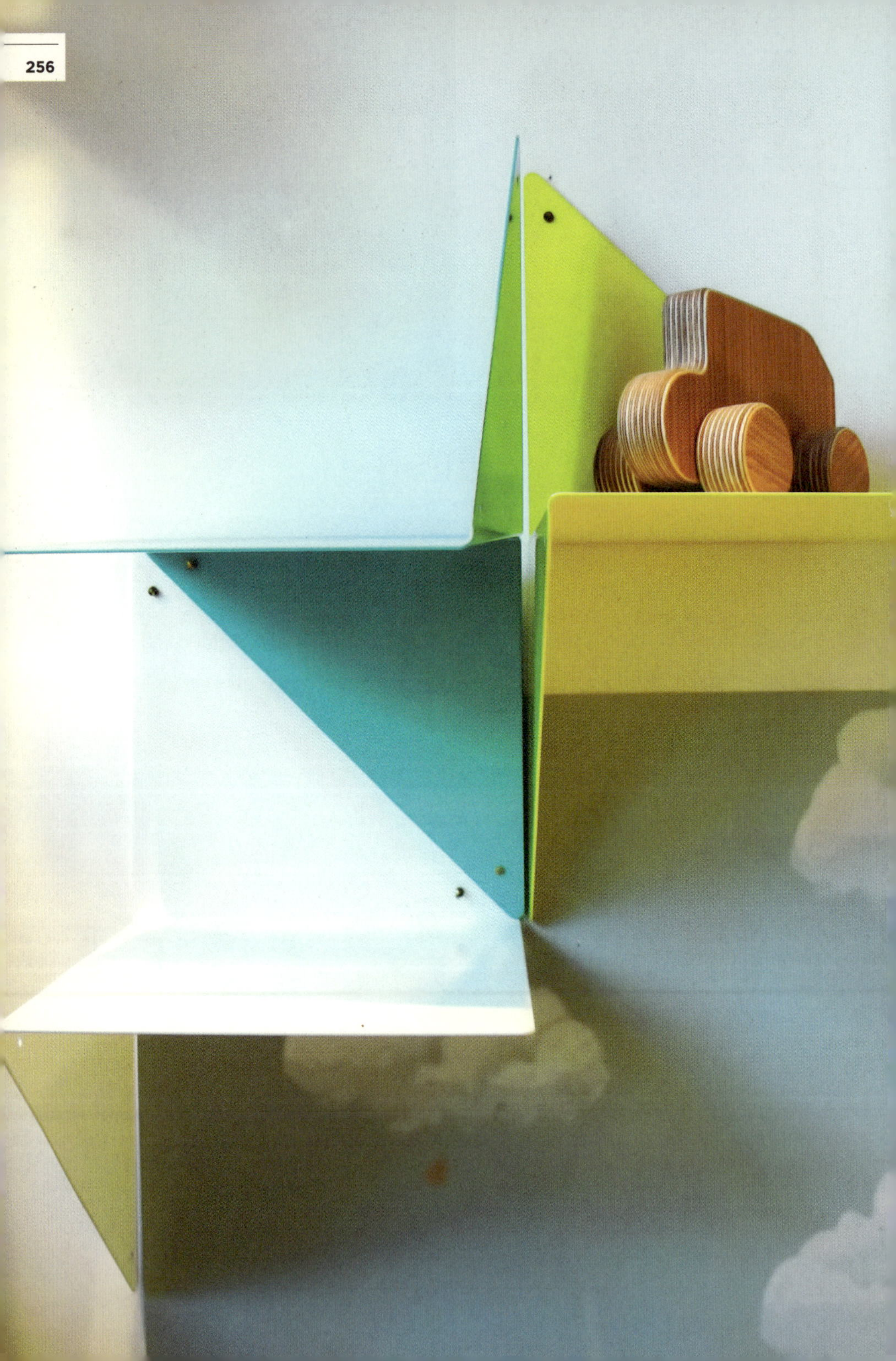

Balouga

Die Boutique Balouga führt Designermöbel für Kinder: Betten, Schreibtische, Stühle, Schränke, Dekor und Vintage-Möbel. Außerdem gibt es hier die wunderbaren handgefertigten Tapeten von Bartsch, eine schöne Auswahl vor allem an Stühlen und überwiegend skandinavisch inspirierten Zimmerschmuck. Balouga betreibt auch einen Online-Shop.

25 RUE DES FILLES-DU-CALVAIRE | 75003 PARIS | TEL. +33 01 42 74 01 49
WWW.BALOUGA.COM | METROSTATION: FILLES-DU-CALVAIRE

3. Arr.
Karte S. 264

Anhang

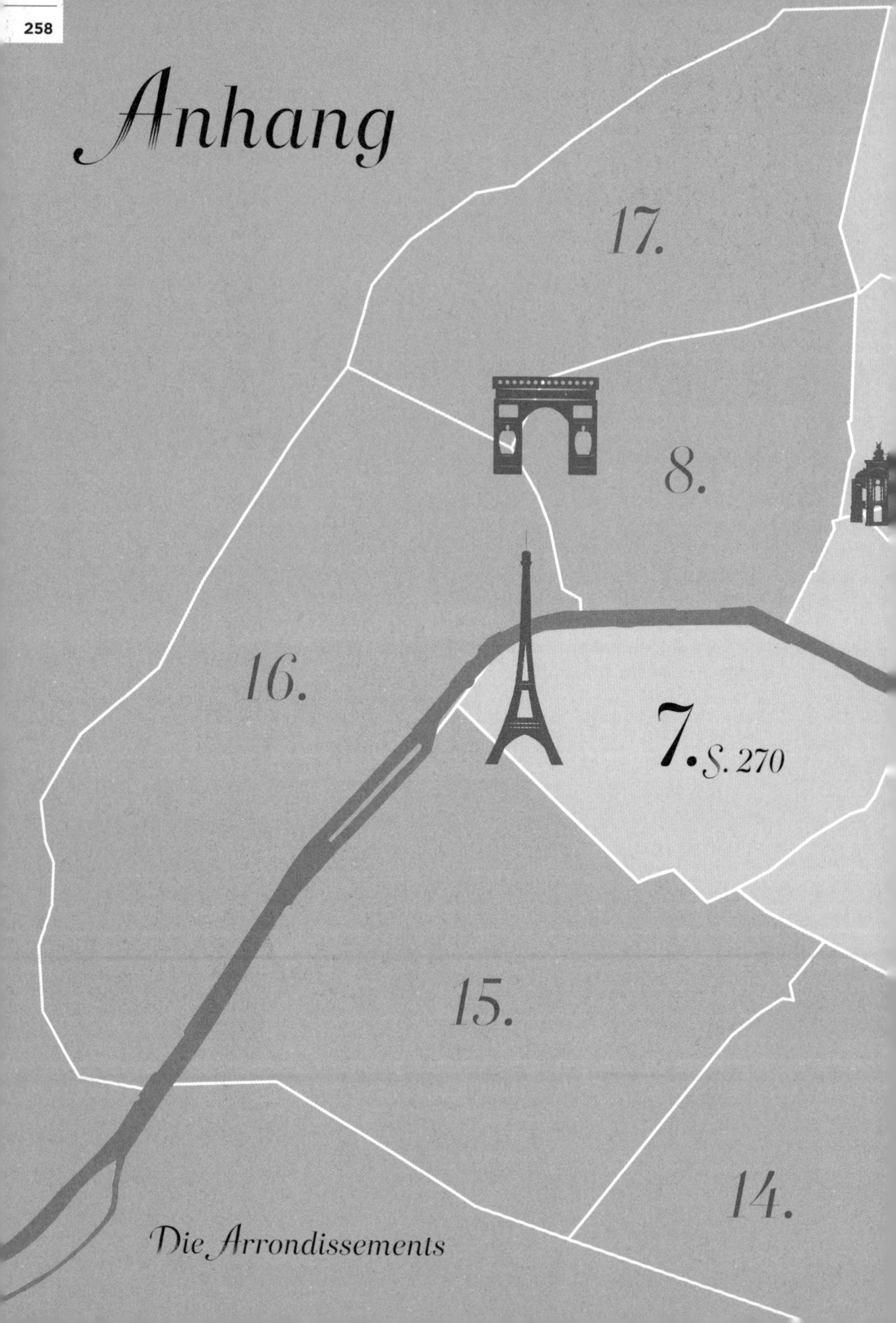

17.

8.

16.

7. *S. 270*

15.

14.

Die Arrondissements

18. *S. 278*

19.

9. *S. 272*

10. *S. 274*

20.

2. *S. 262*

1. *S. 260*

3. *S. 264*

11. *S. 276*

6. *S. 268*

4. *S. 266*

5.

12.

13.

1. *Arrondissement*

 Bar

 Café    Restaurant

7. *S. 270*

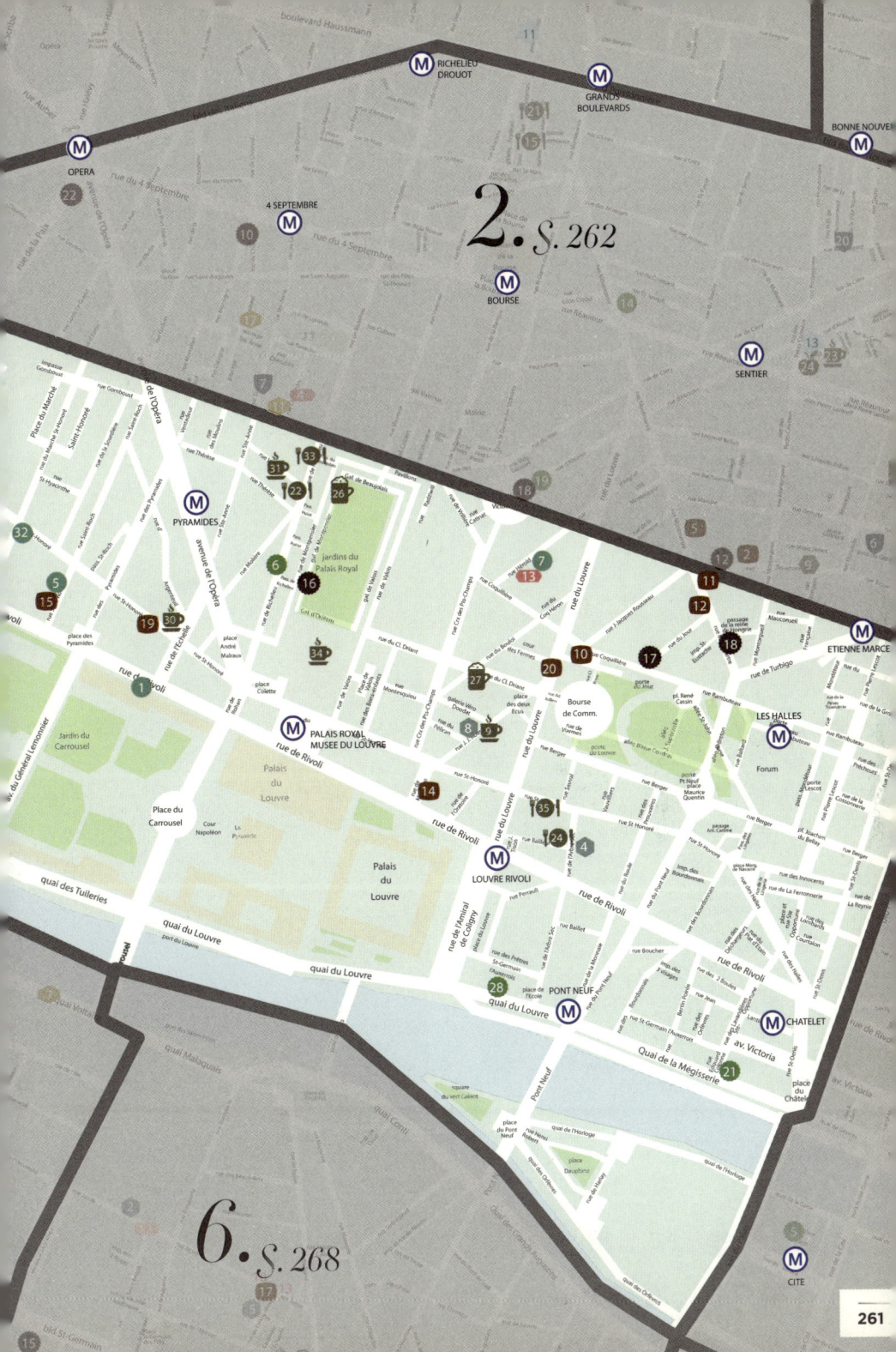

6. S. 268

2. *Arrondissement*

 Café   Bar

 Markt   Restaurant

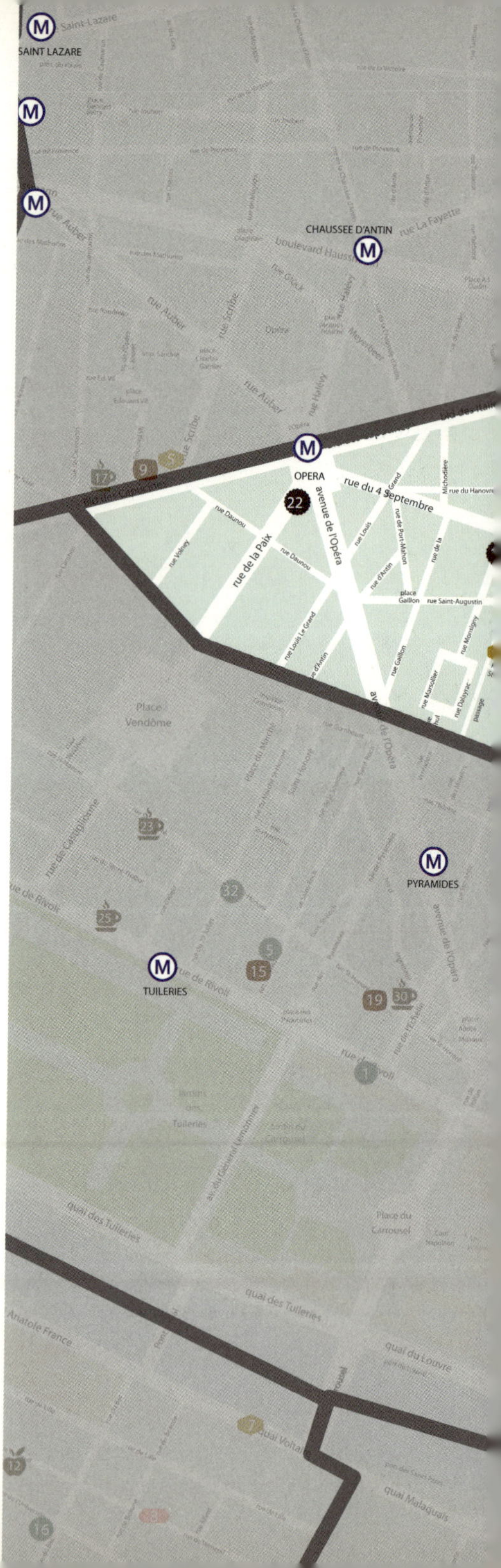

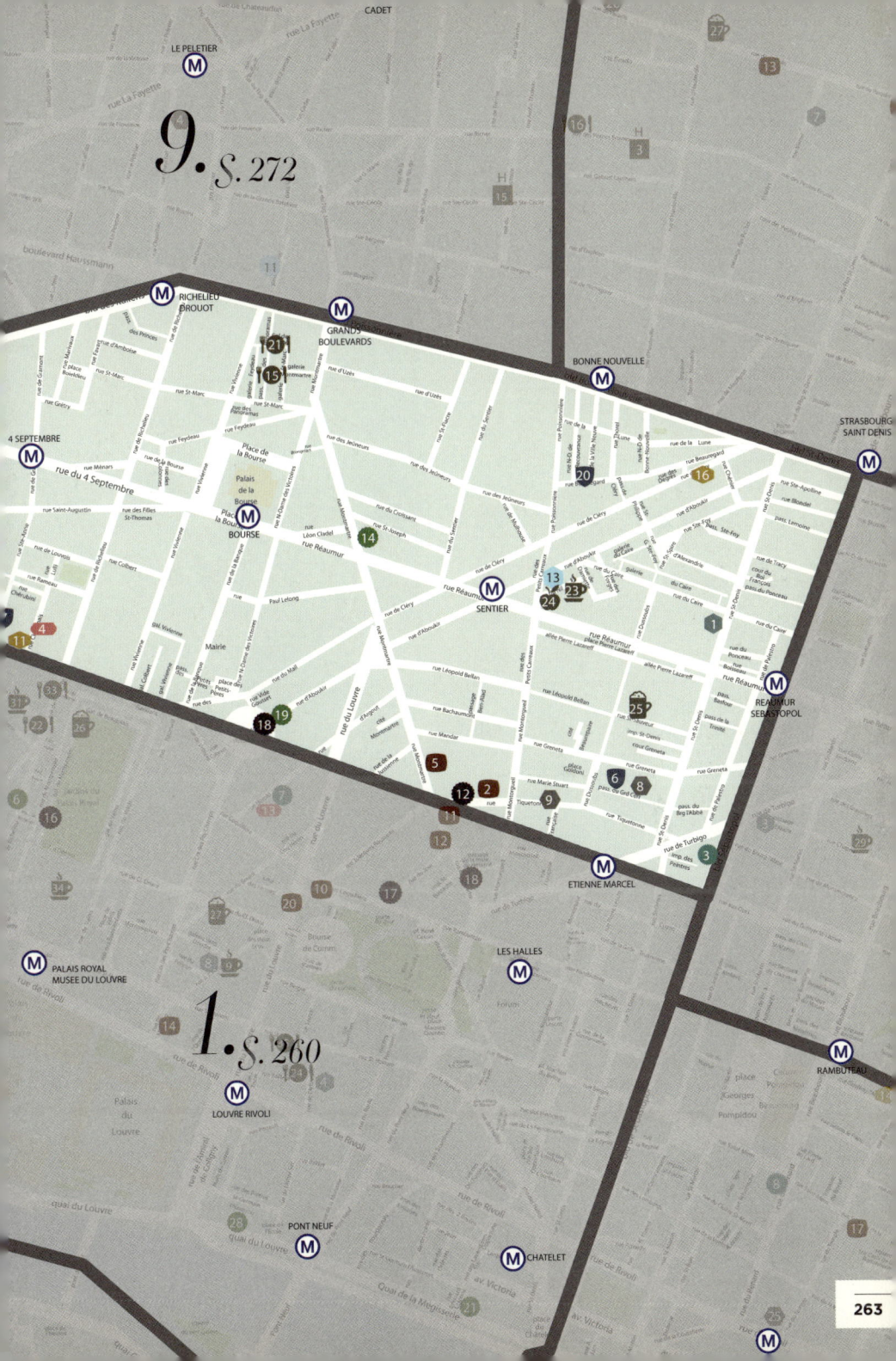

3. *Arrondissement*

☕ Café   H Hotel   🍺 Bar

🍎 Markt   🍴 Restaurant

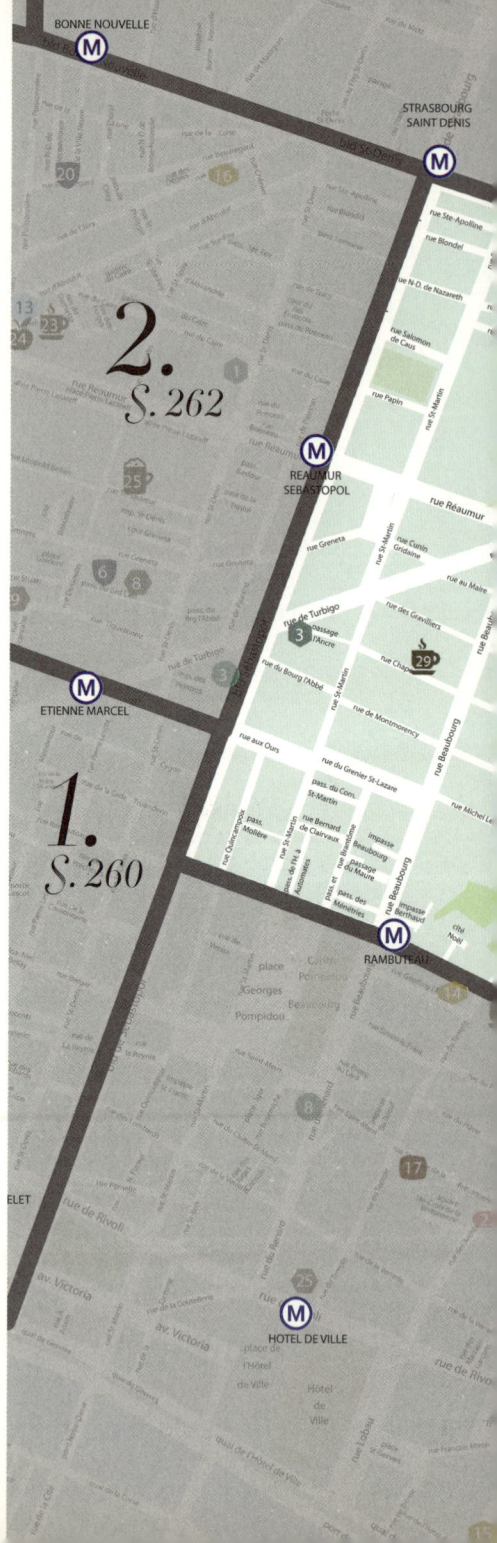

JACQUES BONSERGENT

GONCOURT

10.
S. 274

REPUBLIQUE

11.
S. 276

TEMPLE

ET METIERS

FILLES DU CALVAIRE

OBERKAMPF

SAINT SEBASTIEN FROISSART

RICHARD LEN

CHEMIN VERT

BREGUET SABIN

SAINT PAUL

4. *Arrondissement*

 Café

 Markt   Restaurant

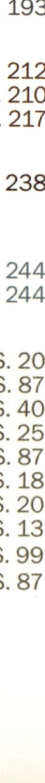

1. *S. 260*

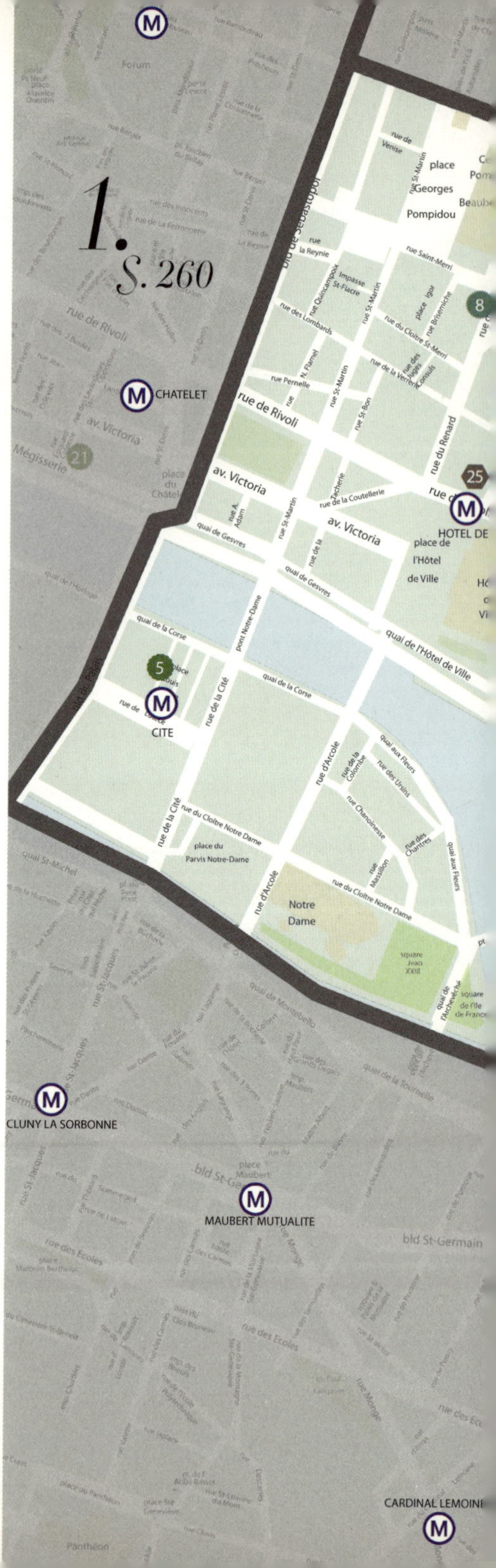

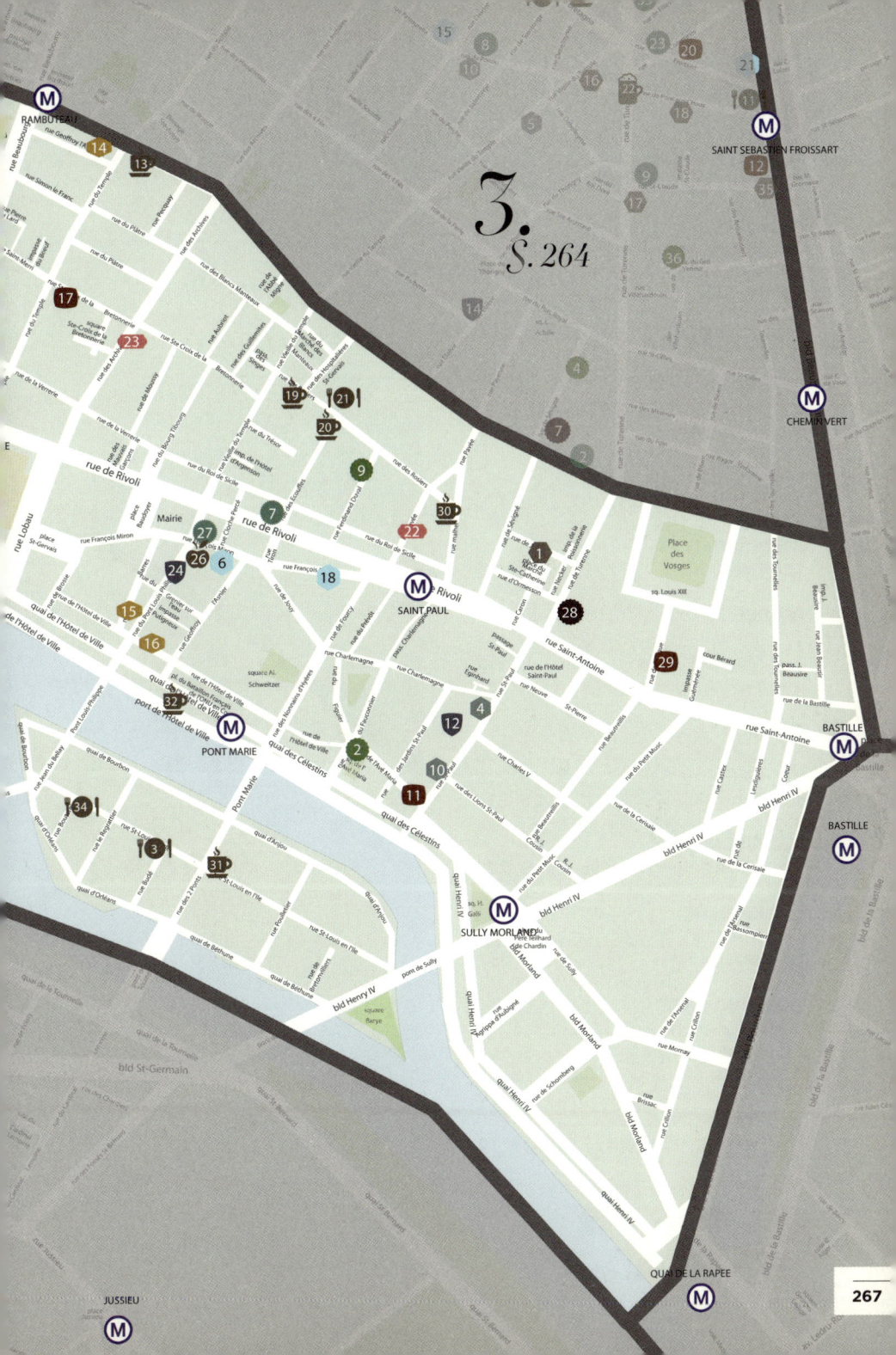

6. *Arrondissement*

 Café   Bar

 Markt   Restaurant

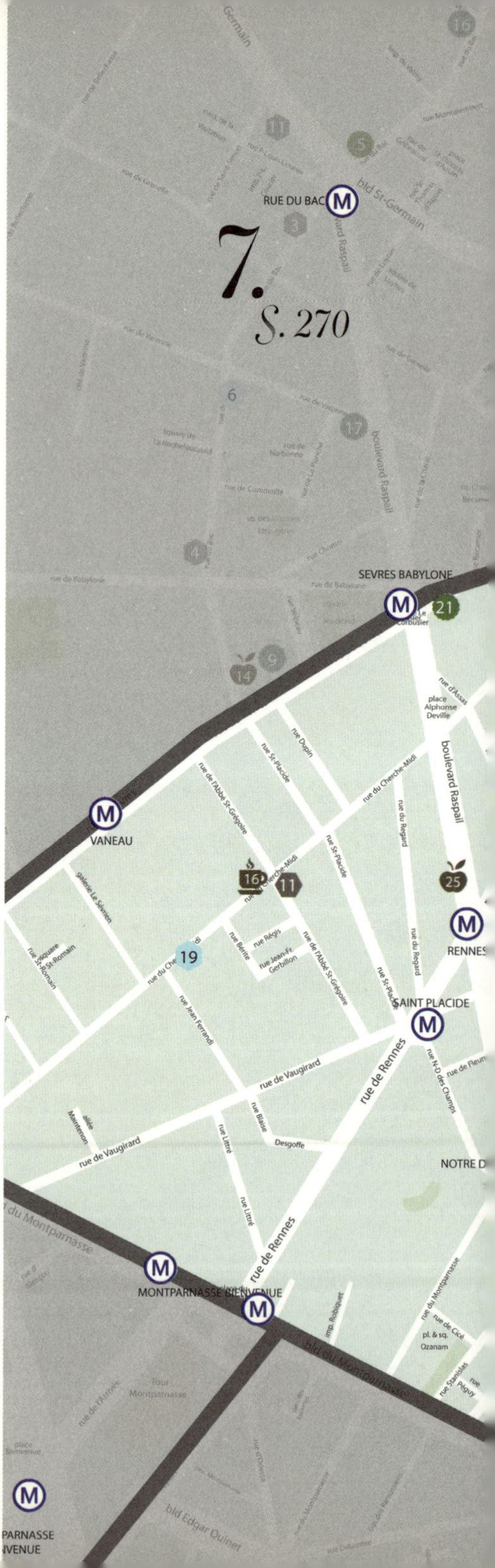

7. *S. 270*

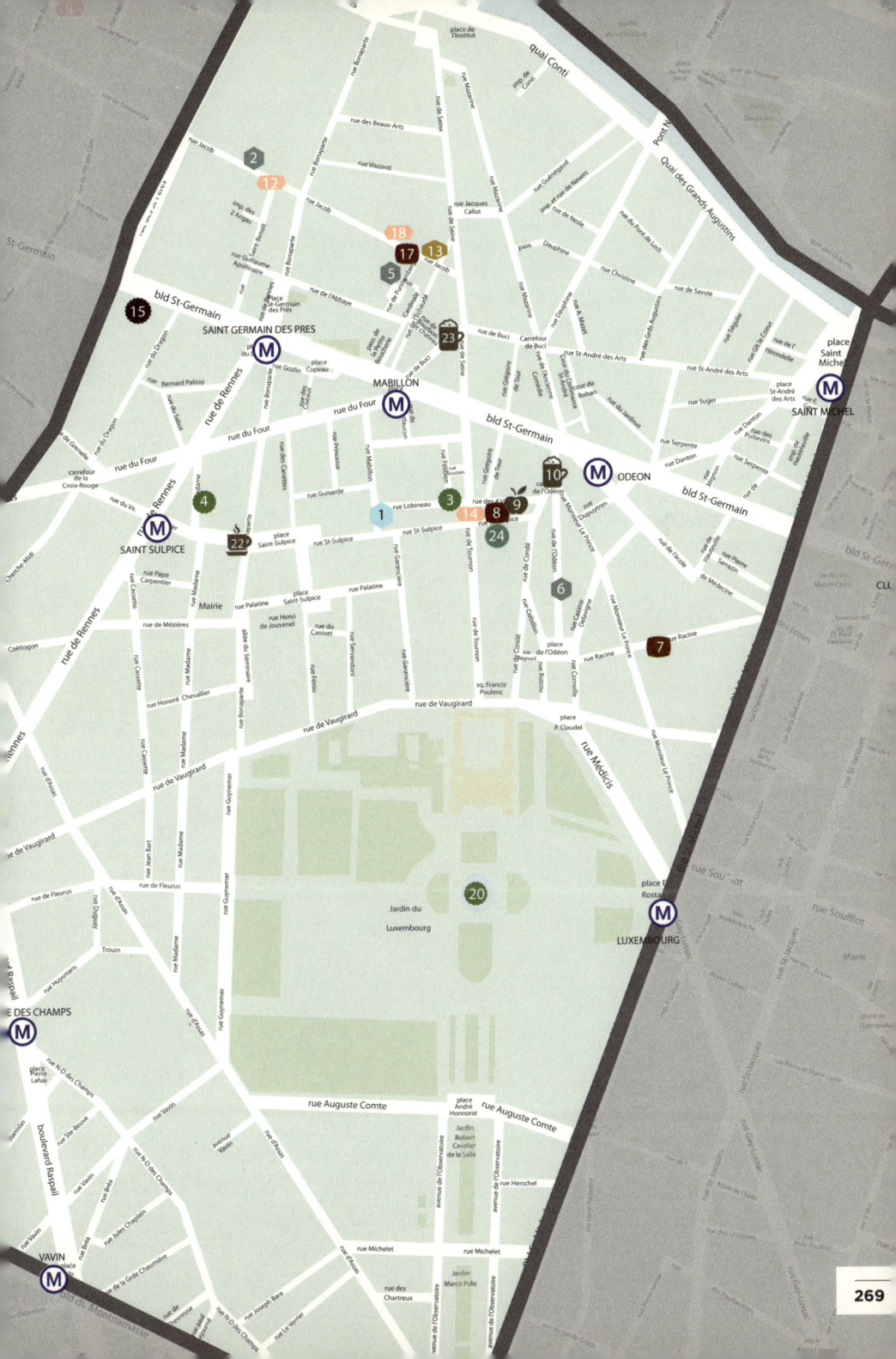

269

7. *Arrondissement*

 Markt   Café

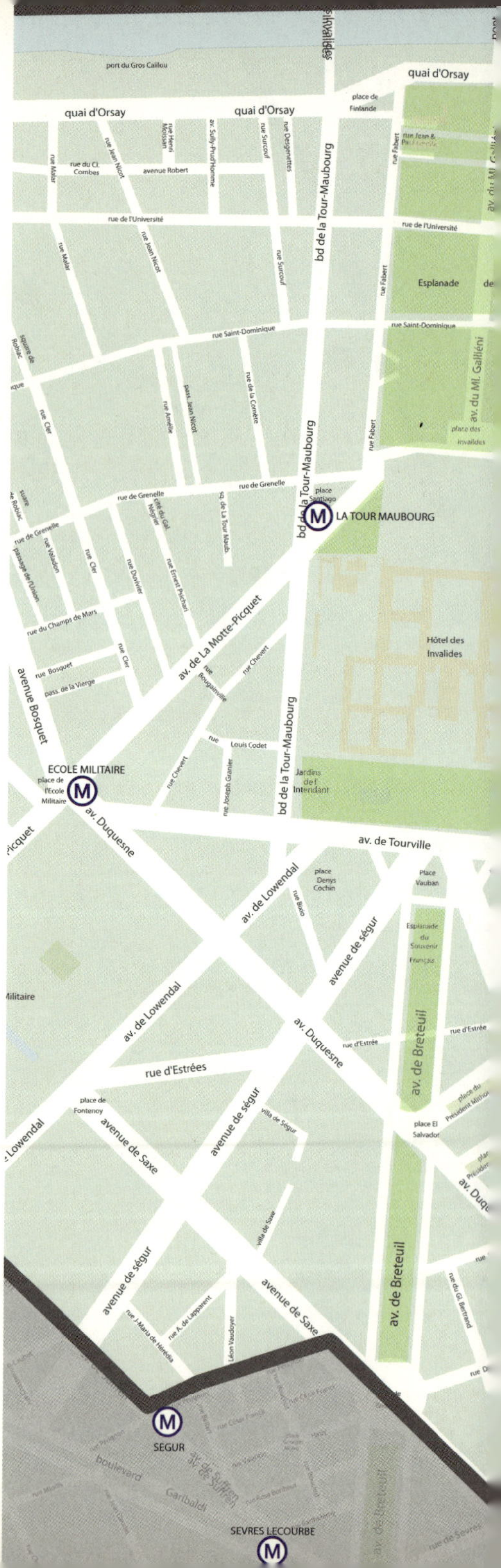

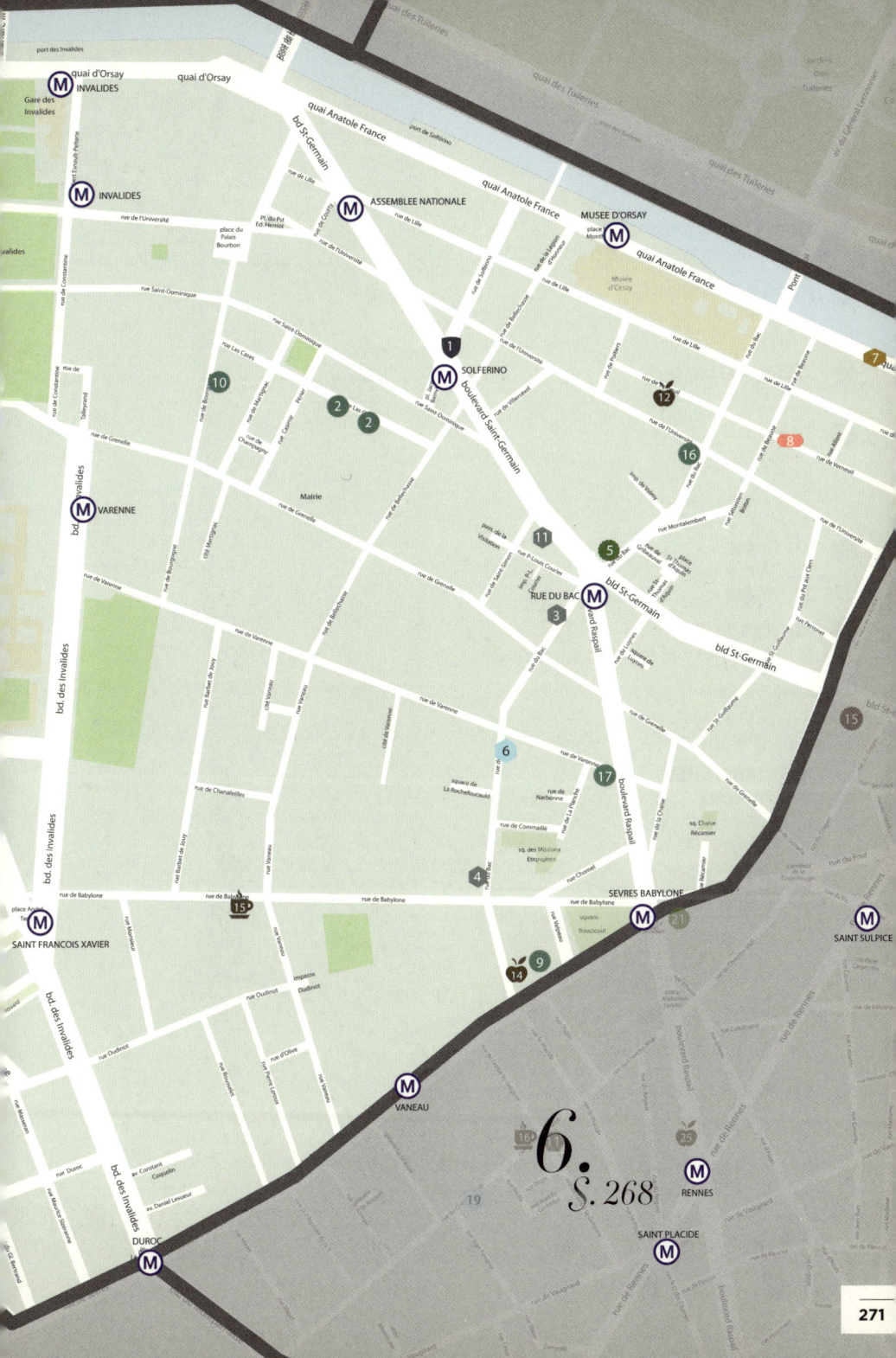

9. *Arrondissement*

 Café   Hotel   Bar

 Markt    Restaurant

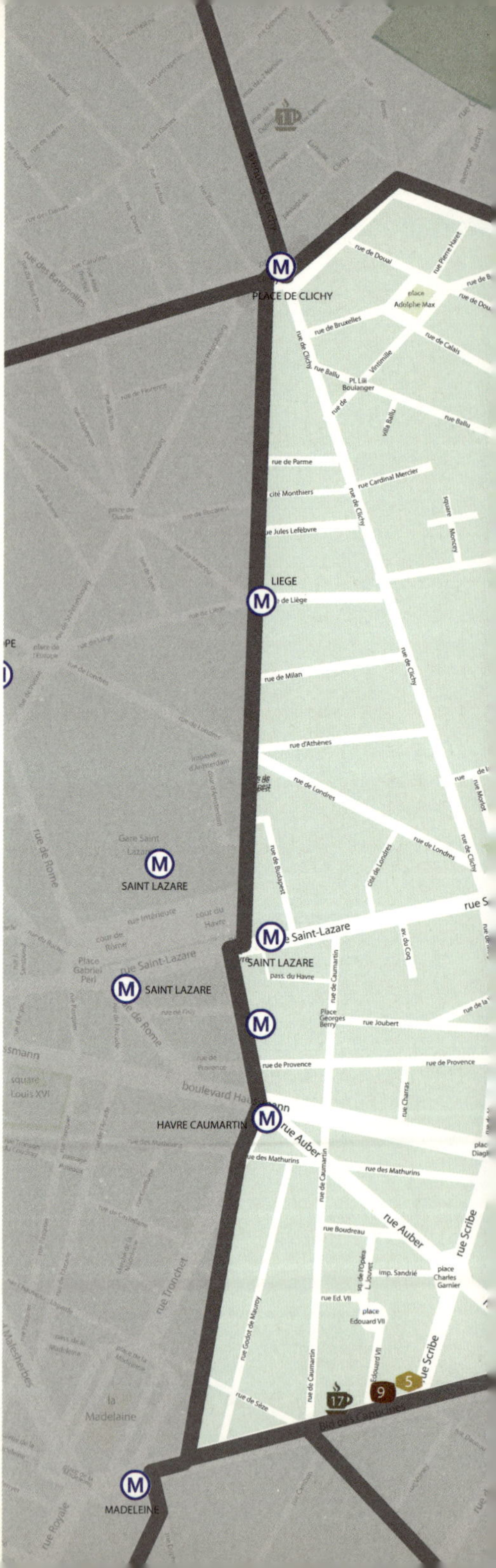

10. *Arrondissement*

☕ Café   **H** Hotel   🍺 Bar

🍎 Markt   🍴 Restaurant

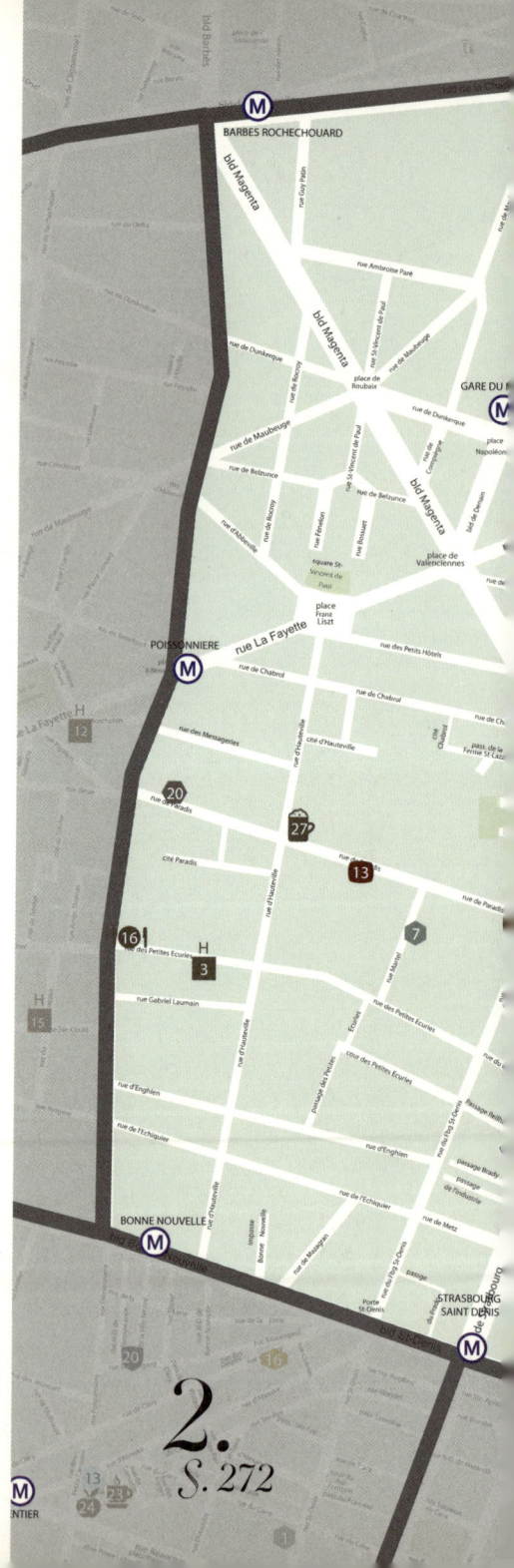

2.
S. 272

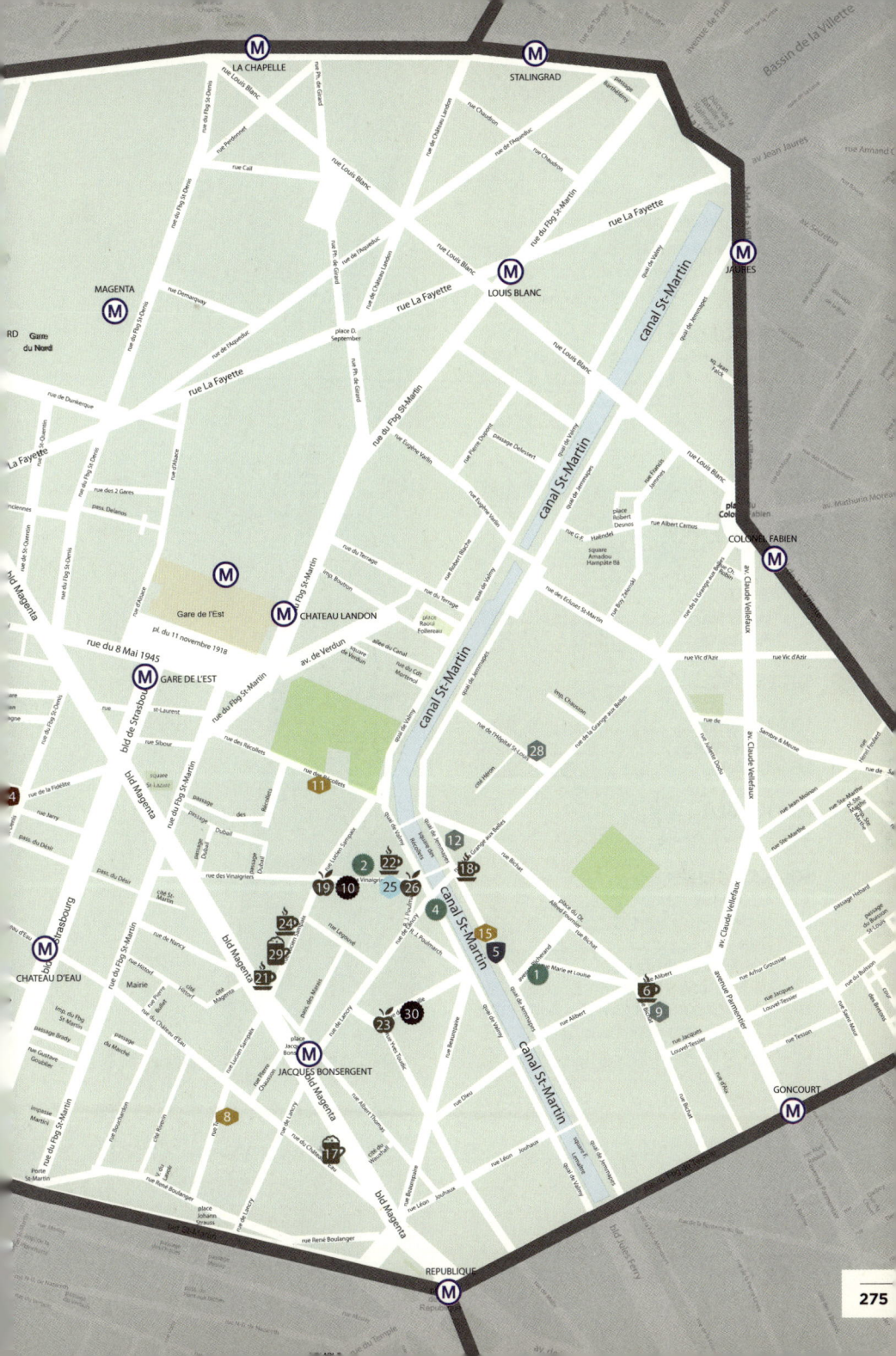

11. *Arrondissement*

 Café   Bar

 Markt    Restaurant

3.
S. 264

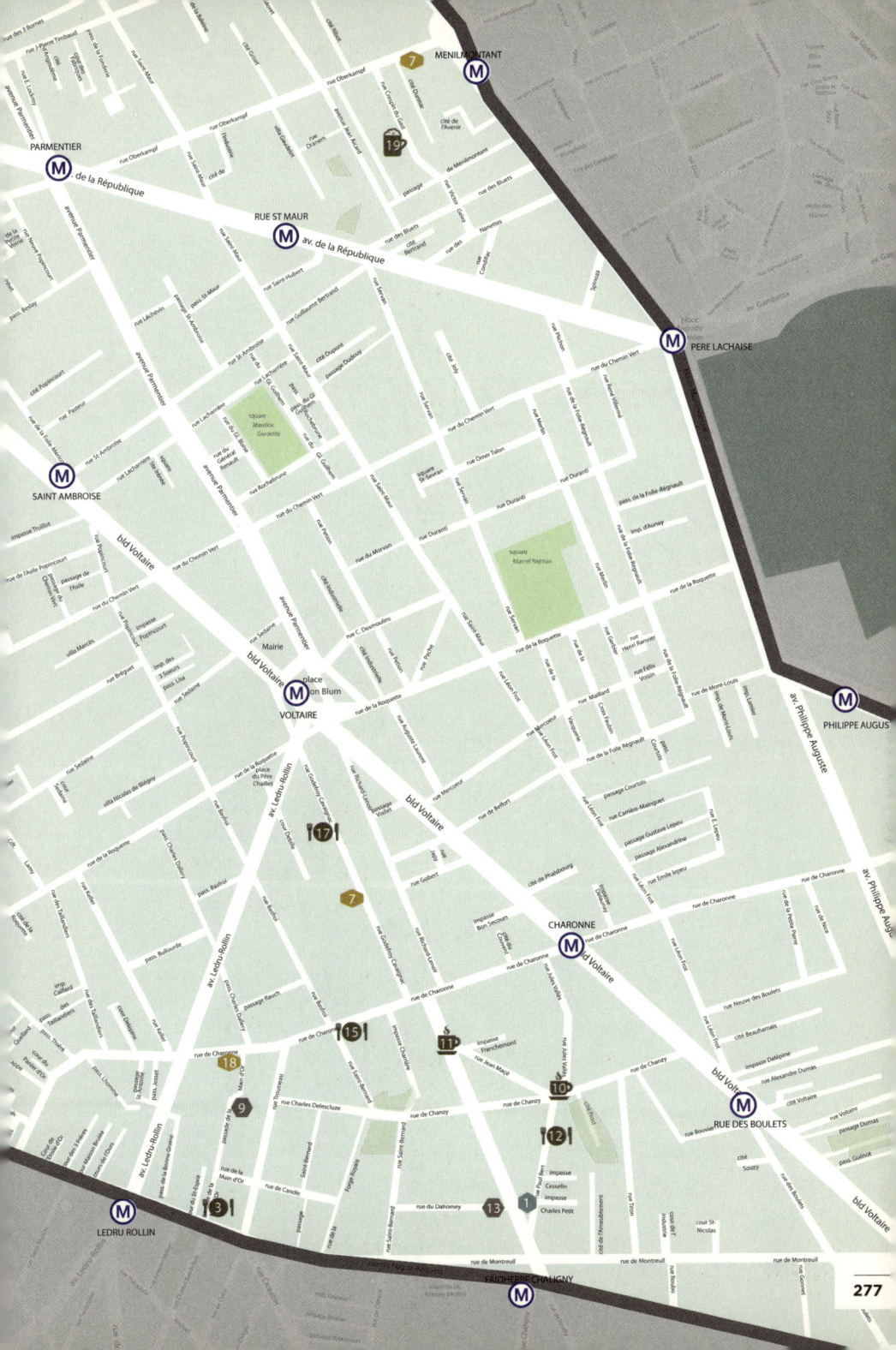

18. *Arrondissement*

 Café    Restaurant

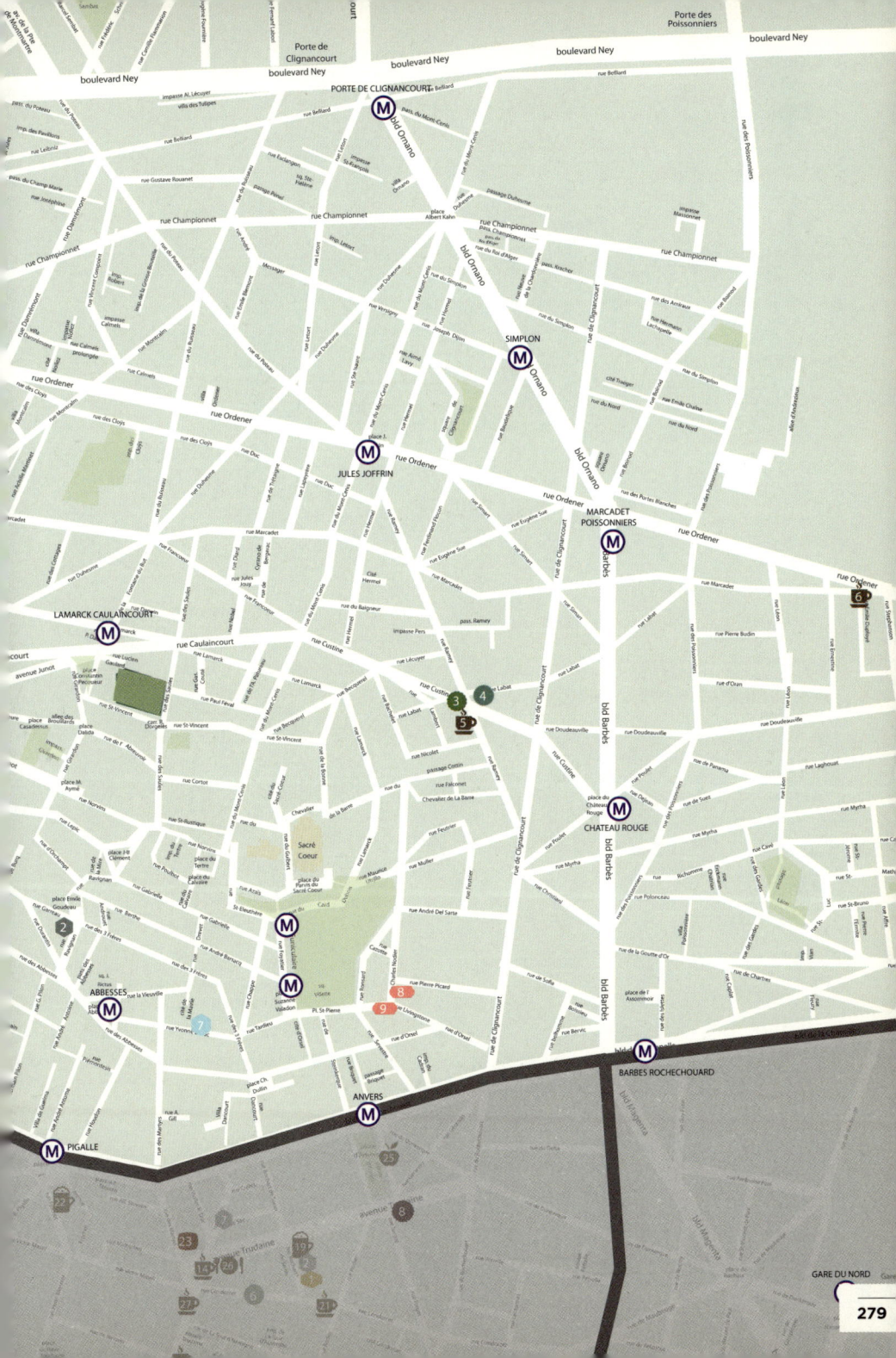

G

G. DETOU 206
58 Rue Tiquetonne | 75002 Paris
+33 01 42 36 54 67
www.gdetou.com

LA GALCANTE 167
52 Rue de l'Arbre Sec | 75001 Paris
+33 01 44 77 87 44
www.lagalcante.com

GALERIE CHARDON 84
21–23 Rue des Filles-du-Calvaire
75003 Paris | +33 01 42 74 58 10
www.galerie-chardon.fr

GALERIE ET CAETERA . . 142
40 Rue de Poitou | 75003 Paris
+33 06 66 92 75 77
www.franckdelmarcelle.com

LA GALERIE SALON 219
4 Rue Bourbon-le-Château | 75006
Paris | +33 06 33 85 98 89
www.galeriesalon.blogspot.com

GALERIES SENTOU 40
26 Boulevard Raspail | 75007 Paris
+33 01 45 49 00 05
29 Rue François Miron | 75004 Paris
+33 01 42 78 50 60
112 Boulevard de Courcelles
75017 Paris | +33 01 82 83 52 90
www.sentou.fr

GALERIE URUBAMBA . . . 193
4 Rue de la Bûcherie | 75005 Paris
+33 01 43 54 08 24
www.galerieurubamba.com

GALLERY S. BENSIMON . . 45
111 Rue de Turenne | 75003 Paris
+33 01 42 74 50 77
www.gallerybensimon.com

LE GARDE ROBE 167
41 Rue de l'Arbre Sec | 75001 Paris
+33 01 49 26 90 60

GLASS 23
7 Rue Frochot | 75009 Paris
+33 09 80 72 98 83
www.glassparis.com

**LA GRANDE ÉPICERIE
DE PARIS** 85
38 Rue de Sèvres | 75007 Paris
+33 01 44 39 81 00
www.lagrandeepicerie.com

H

HABITAT VINTAGE 77
Puces de St-Ouen, Rue des Rosiers

HELMUT NEW CAKE 20
36 Rue Bichat | 75010 Paris
+33 09 82 59 00 39
www.helmutnewcake.com

HERMÈS 85
17 Rue de Sèvres | 75006 Paris
+33 01 42 22 80 83 | hermes.com

HERVÉ CHÂTELAIN 77
140 Rue Montmartre | 75002 Paris
+33 01 45 08 85 57

HOLYBELLY 25
19 Rue Lucien Sampaix | 75010
Paris | +33 09 73 60 13 64

HOME AUTOUR DU MONDE 45
12 Rue des Francs-Bourgeois
75003 Paris | +33 01 42 77 16 18
www.bensimon.com

HÔTEL DE NELL 17
7-9 Rue du Conservatoire | 75009
Paris | +33 01 44 83 83 60
www.hoteldenell.com

HÔTEL DU TEMPS 17
11 Rue de Montholon | 75009 Paris
+33 01 47 70 37 16
www.hotel-du-temps.fr

HÔTEL JULES ET JIM 17
11 Rue des Gravilliers | 75003 Paris
+33 01 44 54 13 13
www.hoteljulesetjim.com

HÔTEL PARADIS 17
41 Rue des Petites écuries | 75010
Paris | +33 01 45 23 08 22
www.hotelparadisparis.com

L'HÔTEL PARTICULIER . . . 75
23 Avenue Junot, Pavillon D
75018 Paris | +33 01 53 41 81 40
www.hotel-particulier-montmartre.com

J-T

IMPOSSIBLE 231
77 Rue Charlot | 75003 Paris
+33 09 54 18 67 82
www.shop.the-impossible-projet.com

I

INDIA MAHDAVI 48
3 et 19 Rue Las cases | 75007 Paris
+33 01 45 55 67 67
www.india-mahdavi.com

ISAAC REINA 236
38 Rue de Sévigné | 75003 Paris
+33 01 42 78 81 95
www.isaac-reina.com

IZAKAYA ISSÉ 76
45 Rue de Richelieu | 75001 Paris
+33 01 42 96 26 60

IZRAËL 40
30 Rue François Miron | 75004
Paris | +33 01 42 72 66 23

JARDIN DES TUILERIES . . 74
Place de la Concorde | 75001 Paris
+33 01 44 50 75 01

**JARDIN
DU LUXEMBOURG** 74
an der Rue de Médicis und der Rue
Vaugirard | 75006 Paris

**JARDIN DU MUSÉE
CARNAVALET** 74
23 Rue de Sévigné | 75003 Paris
+33 01 44 59 58 58

**JARDIN SAINT-GILLES-
GRAND-VENEUR** 74
12 Rue Villehardouin | 75003 Paris

JEAN-MARC POURSIN . . . 35
35 Rue des Vinaigriers
75010 Paris

JEAN-PAUL HÉVIN 20
231 Rue Saint-Honoré | 75001
Paris | +33 01 55 35 35 96
www.jeanpaulhevin.com

JÉRÔME LEPERT 151
106 Rue Vieille du Temple | 75003
Paris | +33 06 10 18 18 88

**JOURNAL STANDARD
DE LUXE** 226
11–12 galerie de Montpensier
75001 Paris | www.journal-standard.jp

K

KANN DESIGN 35
28 Rue des Vinaigriers
75010 Paris | +33 01 42 28 37 72
www.kanndesign.com

N – O

P

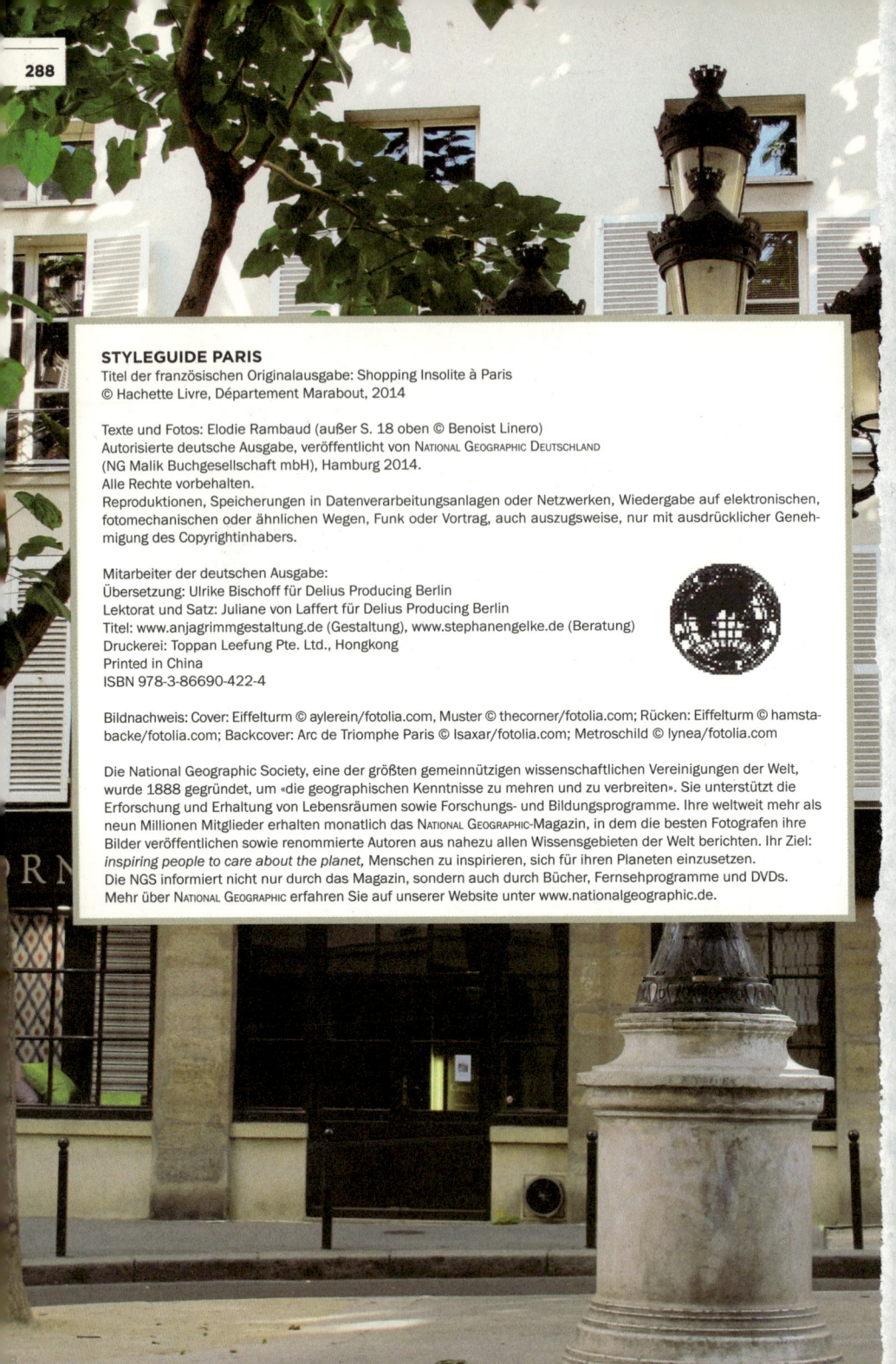

STYLEGUIDE PARIS

Titel der französischen Originalausgabe: Shopping Insolite à Paris
© Hachette Livre, Département Marabout, 2014

Texte und Fotos: Elodie Rambaud (außer S. 18 oben © Benoist Linero)
Autorisierte deutsche Ausgabe, veröffentlicht von NATIONAL GEOGRAPHIC DEUTSCHLAND
(NG Malik Buchgesellschaft mbH), Hamburg 2014.
Alle Rechte vorbehalten.
Reproduktionen, Speicherungen in Datenverarbeitungsanlagen oder Netzwerken, Wiedergabe auf elektronischen, fotomechanischen oder ähnlichen Wegen, Funk oder Vortrag, auch auszugsweise, nur mit ausdrücklicher Genehmigung des Copyrightinhabers.

Mitarbeiter der deutschen Ausgabe:
Übersetzung: Ulrike Bischoff für Delius Producing Berlin
Lektorat und Satz: Juliane von Laffert für Delius Producing Berlin
Titel: www.anjagrimmgestaltung.de (Gestaltung), www.stephanengelke.de (Beratung)
Druckerei: Toppan Leefung Pte. Ltd., Hongkong
Printed in China
ISBN 978-3-86690-422-4

Bildnachweis: Cover: Eiffelturm © aylerein/fotolia.com, Muster © thecorner/fotolia.com; Rücken: Eiffelturm © hamstabacke/fotolia.com; Backcover: Arc de Triomphe Paris © Isaxar/fotolia.com; Metroschild © lynea/fotolia.com

Die National Geographic Society, eine der größten gemeinnützigen wissenschaftlichen Vereinigungen der Welt, wurde 1888 gegründet, um «die geographischen Kenntnisse zu mehren und zu verbreiten». Sie unterstützt die Erforschung und Erhaltung von Lebensräumen sowie Forschungs- und Bildungsprogramme. Ihre weltweit mehr als neun Millionen Mitglieder erhalten monatlich das NATIONAL GEOGRAPHIC-Magazin, in dem die besten Fotografen ihre Bilder veröffentlichen sowie renommierte Autoren aus nahezu allen Wissensgebieten der Welt berichten. Ihr Ziel: *inspiring people to care about the planet,* Menschen zu inspirieren, sich für ihren Planeten einzusetzen. Die NGS informiert nicht nur durch das Magazin, sondern auch durch Bücher, Fernsehprogramme und DVDs. Mehr über NATIONAL GEOGRAPHIC erfahren Sie auf unserer Website unter www.nationalgeographic.de.